JN424458

The Training Methodology of Golf

골프 트레이닝 방법론

최영욱 · 박동수 · 김형우 지음

HS 도서출판 한산

머리말

골프는 지난 수십 년 동안 스포츠미디어의 발전과 타이거우즈와 로리 맥길로이 같 스타선수 등의 등장으로 인기가 증가하고 있다. 스타선수들의 배출은 골프산업 발전 씨앗의 역할이라고 할 수 있다. 현재 우리나라는 골프인구 470만 명과 500개가 넘는 프장들을 보유하고 있는데, 이는 세계 3위의 시장규모이며 2013년 기준 연간 지출 총액 31조 규모로 성장하게 되었다. 국내 골프인구와 시장규모의 성장에는 박세리, 최경주선수의 우승으로, 1998년 IMF시절 많은 국민들이 위로 받았고, 골프에 대한 관심은 일반인뿐만 아니라 많은 주니어 선수들까지 영향을 미쳤다. 현재에는 세리 키즈(박인비, 최나연, 신지애) 등이 세계무대에서 많은 맹활약하고 있다.

많은 외신기자들과 골프 교습가들은 한국이라는 작은 나라가 지금의 골프강국이 될 수 있었던 이유들과 교습방법에 대하여 많은 궁금증들을 가지고 있다. 현재 우리나라 여자 프로선수들이 세계적인무대에 많이 배출되어진 공통적인 첫 번째 이유는 엘리트 선수 때부터 프로선수들도 소화하기 힘든 운동프로그램에 맞춰 훈련하였던 탄탄한 기본기를 들 수 있다. 두 번째로 자기의 삶을 모두 골프에 올 인했다는 점을 뽑을 수 있다.

이 책을 내게 된 이유 중 가장 큰 부분은 골프를 하는 많은 분들이 적절한 스윙에 어떤 종류의 트레이닝들을 같이 병행해야하는지 이해시키고, 골퍼들의 부상을 예방 할 수 있도록 훈련프로그램을 어떻게 짜면 더 효율적이고 강력한 스윙이 요구되는지에 대하여 초점을 두었다.

이 책이 완성되기 까지 도움주신 주변 분들과 사진촬영에 협조해준 방지나, 윤희선 프로 그리고 최범준 선수에게 감사의 마음을 전합니다.

2014년 11월

저자일동

Chapter 1.
골프 트레이닝이란

Chapter 1.
골프 트레이닝이란

오늘날의 스포츠는 경제와 과학의 발달로 점점 더 고도화 되어지고 있다. 현재 전 세계적으로 인기를 얻고 있는 골프 또한 클럽의 발달과 과학적인 트레이닝을 바탕으로 드라이버샷 비거리 또한 골프게임에 매우 중요한 요소로 나타나게 되었다.

최근 티에서 드라이버 비거리가 증가한 것은 많은 요인들이 있겠지만, 분명한 점은 개선된 골프 볼, 클럽과 샤프트이다(크레이그 데이비스, 빈스 디사이아 역, 2010). 1990년대 타이거 우즈, 애니카 소렌스탐과 같은 스타선수들의 등장으로 PGA, LPGA대회 상금과 대회 수가 급격하게 늘어나게 되었다.

그들이 전성기 때 남자 투어와 여자투어를 지배했던 공통점을 들자면 체력과 멘탈이 다른 어떤 선수보다 강했다는 점을 들 수 있다. 오늘날 투어에 참여하는 많은 골프 선수들이 타이거 우즈, 애니카 소렌스탐이 했던 트레이닝 방법들을 자신들에게도 도입하여 자신의 체력을 키우기 위해 노력하고 있다.

이러한 체력의 향상은 드라이버 비거리 향상으로 이어지며, 드라이버 비거리의 향상은 정확한 기술, 임팩트 파워의 조화가 이루어질 때 나타나는데 최대 근력과 근 수축의 속도에 의해 결정되며 이것은 웨이트 트레이닝으로 향상 시킬 수 있다. 몇 년에 걸친 미국 PGA투어의 비거리 통계를 살펴보면 흥미로운 경향을 볼 수 있다.

아래 표 1980년, 1990년, 2000년과 2014년의 평균 비거리가 1위인 선수와 50위인 선수를 비교해 보면 해마다 선수들의 평균 비거리는 더 멀리 치고 있는 것을 알 수 있다.

표 1-1. PGA투어 드라이빙 비거리 1위와 50위 선수의 평균치

연도	비거리 1위	비거리 50위
1980	274.3야드 Dan Pohl	261.0야드
1990	279.6야드 Tom Purtzer	266.4야드
2000	301.4야드 John Daly	277.5야드
2014	314.3야드 Bubba Watson	294.9야드

http://www.pgatour.com/stats.html

오늘날의 골퍼들은 고등학교, 대학, 프로의 어느 위치에 있든 과거보다 체력적으로나 신체적인 조건을 봐도 더 빠르고 더 강하다.

이는 대회에 나가 상대선수들과 경쟁하기 위해서는 자신의 몸을 극대화해야 한다는 의미인데 취미로 하는 골퍼 또한 이러한 변화의 영향을 받게 된다.

오늘날 새로 만들어 지고 있는 많은 골프코스들이 예전보다 더 길게 만들어지고 있다. 이와 같은 골프코스 구조로는 비거리가 많이 나가지 않은 골퍼들에게는 불리할 수밖에 없다(크레이그 데이비스, 빈스 디사이아 역, 2010).

필자는 골프 트레이닝을 통해 강한근육을 만들고 300야드 드라이버를 날리게 만들기 위한 하나의 방법이라고 생각한다면 큰 오산이라고 이야기 해주고 싶다. 잘못된 트레이닝방법으로 인하여 선수생명을 단축시키고 잦은 부상과 수술까지 이어져 결과적으로 골프에 독이 되는 경우도 있다.

1. What is golf training

트레이닝(training)이란 개념은 일반화되어 스포츠분야뿐만 아니라, 그 밖의 다른 분야에서도 흔히 사용되고 있다(허남양 외, 2008). 본래 트레이닝이란 훈련, 단련, 연습 등의 의미로 해석되어 이 말을 사용하게 되는 분야에서는 제각기 그 나름대로의 내용과 방법을 가지고 있다.

스포츠 현장에서 사용되는 훈련과 단련은 체력적인 측면에서, 연습은 기술적인 측면에서 그 목적과 성취가 성격적으로 엄격히 구별되고 있다.

근력 강화를 위한 웨이트 트레이닝은 근 군의 저항에 대하여 최대한 수축시킴으로써 가능하다(손재윤 외, 2008). 따라서 트레이닝은 각종 합리적이고 계획적인 자극에 대한 생체 기능의 적응 능력을 인하여 인간 행동을 가능한 한도에까지 발달시키고자 하는 하나의 과정으로 풀이된다(송일섭, 2012). 즉 운동 자극을 매개로 하여 인체의 적응과 순화를 효과적으로 획득하고 인간 수행을 좀 더 효율적으로 극대화하는 과정이라고 할 수 있다.

“골프 트레이닝은 무엇 때문에 해야 하나요?” 라는 질문에 골프 트레이닝의 중요성은 무조건 골퍼의 건강을 위한 것이라고 이야기 하고 싶다.

골프를 치다보면 지나치게 한 쪽으로 근육의 힘을 쓰게 되어 시간이 몇 년 흐르다 보면 몸은 어느덧 아파오며 여기저기 상해들이 발생하게 된다.

올바른 골프 트레이닝이란 상해로부터 자신을 보호하면서 골프에 직접적으로 쓰이는 근육을 발달시킬 수 있게 해 주어야한다. 동시에 한 쪽으로만 발달된 근육의 균형을 맞춰 주어 기본적으로 바른 자세를 가질 수 있는 것 또한 중요하다.

트레이닝이란 무조건 운동을 하는 것 보다는 목적 하에 이루어지는 트레이닝이 최대의 효과를 가져 온다는 것을 명심하자.

2. 골프 트레이닝의 목적

⊙ 부상방지
⊙ 골프경기력 향상
⊙ 시즌동안 정상적인 플레이(스윙교정효과를 키우고 정확성, 일관성, 집중력 향상과 비거리 향상)
⊙ 즐겁게 운동
⊙ 재활 중 골퍼들의 경기력 회복

3. 골프 트레이닝의 종류

1) 기능성 트레이닝

⊙ 일반인은 직업, 생활환경, 스포츠 선수는 스포츠 환경에 맞추어 동작을 실시
⊙ 어떤 동작을 수행하는데 있어 근육과 관절의 조화와 협동
⊙ 안정성과 이상적인 자세를 만들어 동작의 효율성 증가
⊙ 스포츠 선수에게 다이내믹한 동작을 이끌어 낸다.
⊙ 골프 경기력 향상
⊙ 좌, 우 밸런스 강화
⊙ 부상을 최소한 줄여준다

2) 트레이닝

⊙ 목적: 멋진 몸매 만들기, 체중감량
⊙ 근육사이즈 크게 만드는데 집중, 특히 큰 근육을 만들기에만 노력
⊙ 신체 부위별 트레이닝
⊙ 몸 전체의 균형 파괴

⊙ 유연성 감소
⊙ 작은 근육 무시
⊙ 파워는 감소, 근력은 향상

3) 코어 트레이닝

⊙ 코어란 운동의 시작점이고 신체의 중심은 요부, 골반, 둔부, 흉추와 경추로 정의한다.
⊙ 쉽게 말하면 크게 등, 허리, 복부, 힙(골반), 허벅지 뒤쪽 등이다
⊙ 이 부위가 강하지 않다면 안정성, 힘의 생산, 이동, 감소 등의 요인이 나타난다.
⊙ 이 부위가 강한지 약한지 알 수 없는 이유가 겉으로 들어나 있지 않기 때문에 소홀히 하기 쉬운 근육이다
⊙ 코어 근육을 사용하는 운동은 골프, 야구, 축구, 테니스, 스키와 같이 체중이동, 다양한 움직임과 자세의 변화를 보이는 운동에서 많은 비중을 차지한다.
⊙ 이러한 운동은 밸런스를 잡는 동시에 한 번에 폭발적인 힘을 내는 운동
⊙ 코어 근육도 겉과 속이 균형적으로 발달하면 부상의 위험성 감소한다.

4) 요가

⊙ 근육 이완
⊙ 정확한 호흡
⊙ 긍정적인 생각(명상), 정신적 건강

5) 필라테스

⊙ 반복된 동작을 하여 연속적으로 근육을 운동시키면서 통증 없이 근육을 강화
⊙ 아랫배와 엉덩이 부분을 파워 하우스(Power house)라고 부르며 이 부위를 단련시키는 것이 기본
⊙ 동작마다 고유의 호흡패턴이 있어 이를 따라야 운동효과 최대화
⊙ 동작을 할 때는 정신을 집중, 한 동작에서 다음 동작으로 연결할 때는 부드럽고 유연하게 움직인다.

⊙ 전신운동을 통하여 몸의 균형과 힘, 유연성이 증가
⊙ 자세에 균형이 잡히고 관절과 척추가 강화
⊙ 일상생활에서 바르고 안정된 자세가 가능, 심폐능력과 순환기능력이 강화되는 효과

4. 골프스윙에 사용되는 주요 근육과 관절소개

골프스윙에는 신체의 모든 근육과 관절이 관여한다.

주요근육과 관절을 몇몇만 골라 강조하기는 어려우며 풀 스윙을 하는데 있어서 전신의 모든 근육이 중요하지만, 가장 중요한 부위의 동작 중 규칙적으로 트레이닝이 필요한 부위를 소개하고자 한다.

장타를 치기 위해서는 크게 아래 네 가지 조건들이 필요하다.

⊙ 백스핀
⊙ 공이 날아가는 투사각
⊙ 정확한 임팩트
⊙ 헤드스피드

위의 4가지 요인들이 충족되어야 한다. 추가적으로 몸의 유연성과 근력 및 근지구력들을 필요로 하는데 이는 기술적인 부분을 제외한다면 규칙적인 트레이닝은 필수라고 이야기 하고 싶다.

골프 트레이닝은 골퍼의 스윙속도를 증가시키고 상·하체 꼬임의 회전 양을 증대시켜 임팩트 시 공에 전달하는 힘을 증가시키는데 도움을 주기 위한 훈련이다.

많은 골퍼들은 골프스윙을 연습할 때 체력프로그램 및 유연성을 증가에 소비하는 시간은 미비하다.

골프는 스윙 할 때마다 몸을 꼬았다가 다시 풀어주는 과정 속에서 에너지를 공에 더 큰 에너지를 전달 할 수 있다.

힘을 쓰기위한 역할을 해주는 것은 인대, 건, 근육인데 각 스윙별로 쓰이는 근육에 대한 체계적인 트레이닝을 해주는 것이 올바른 골프스윙을 할 수 있을 뿐만 아니라 부상의 위험 없이 지속적으로 골프를 즐길 수 있는 중요한 요소가 될 것이다.

1) 백스윙 시 사용되는 주요근육

다음은 골프스윙패턴 중 백스윙에 사용되는 주요근육을 소개하고자 한다.

많은 선수들의 대부분이 스윙교정을 할 때 백스윙에 초점을 맞추어 시간을 투자하고 소비한다.

백스윙을 하는 동안 골퍼들이 사용하는 주된 근육은 뒤쪽 다리의 대퇴사두근, 장내전근 및 고관절 부위에 힘을 준다.

이들 근육의 움직임을 효율적으로 자용하면 소원근, 극하근, 대원근, 대능형근과 외복사근이 적절하고 올바르고 완전한 백스윙의 자세를 취할 수 있다.

백스윙 시 사용되는 주요근육			
Teres minor	소원근	External oblique	외복사근
Infraspinatus	극하근	Hip Joint	고관절
Teres major	대원근	Adductor longus	장내전근
Rhomboid major	대능형근	Quadriceps	대퇴사두근

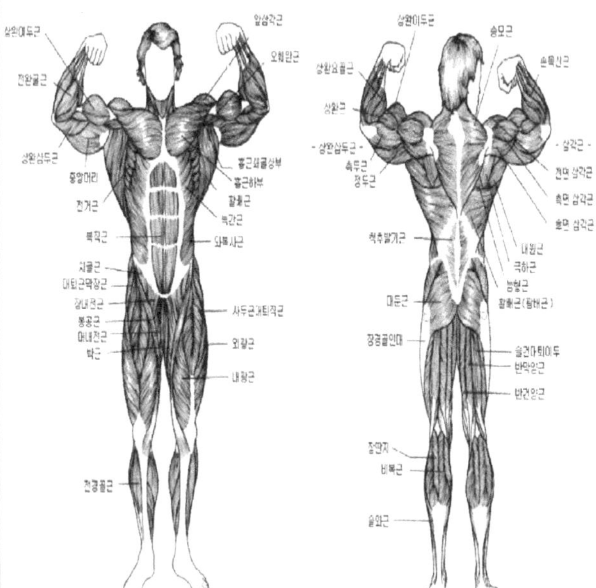

http://www.golftipsmag.com/instruction/faults-and-fixes/lessons/straighten-your-tee-shots.html?tmpl=component&print=1
http://blog.naver.com/lka0803?Redirect=Log&logNo=10132472838

그림 1-1. 백스윙 시 사용되는 주요근육

2) 다운스윙 시 사용되는 주요근육

다음은 골프스윙패턴 중 다운스윙에 사용되는 주요근육을 소개하고자 한다.

백스윙에서 다운스윙으로 전환하는 데는 상당한 근육의 협동작용과 상체로부터 하체와 골반을 분리시키는 능력이 요구된다.

이 때 가장 중요한 부분이 체중이동을 왼쪽 발에 잘 전달하는 것인데, 다운스윙 시 사용되는 주요근육은 대흉근, 외복사근, 중둔근, 대퇴사두근, 비복근을 들 수 있다.

다운스윙 시 사용되는 주요근육			
Pectoralis	대흉근	Quadriceps	대퇴사두근
External oblique	외복사근	Gastrocnemius	비복근
Gluteus medius	중둔근		

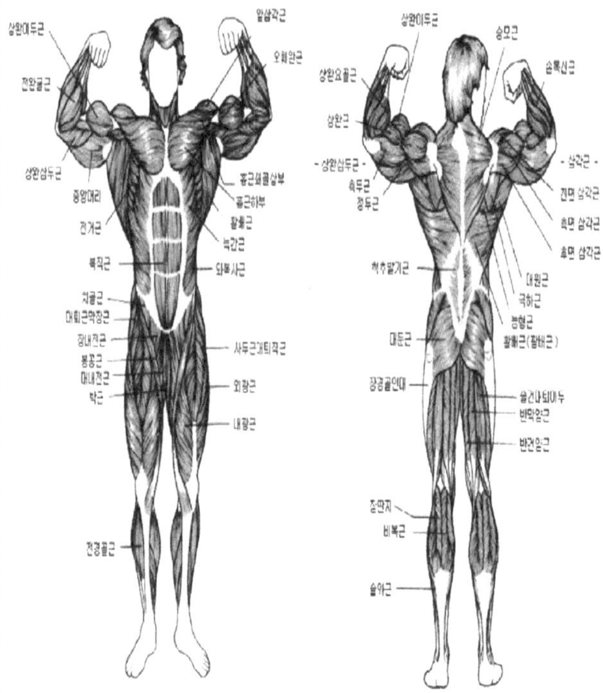

http://www.golftipsmag.com/instruction/faults-and-fixes/lessons/straighten-your-tee-shots.html?tmpl=component&print=1
http://blog.naver.com/lka0803?Redirect=Log&logNo=10132472838

그림 1-2. 다운스윙 시 사용되는 주요근육

3) 팔로우스루 시 사용되는 주요근육

다음은 골프스윙패턴 중 팔로우스루 시 사용되는 주요근육을 소개하고자 한다.

골프스윙에서 임팩트 이후 클럽을 목표방향으로 던지는 동작이다. 이 단계는 아주 힘이든 동작이기도 하다.

팔로우스루 시 몸은 급정지하는 자세와 같은 느낌으로 골퍼의 피봇역할을 하는 중심부를 외복사근이라고 이야기 할 수 있으며, 회전근개 근육인 극하근, 소원근, 광배근과 척추의 각을 보호하는 대능형근을 들 수 있다.

팔로우스루 시 사용되는 주요근육			
Infraspinatus	극하근	Teres minor	소원근
Rhomboid major	대능형근	Latissimus	광배근
External oblique	외복사근		

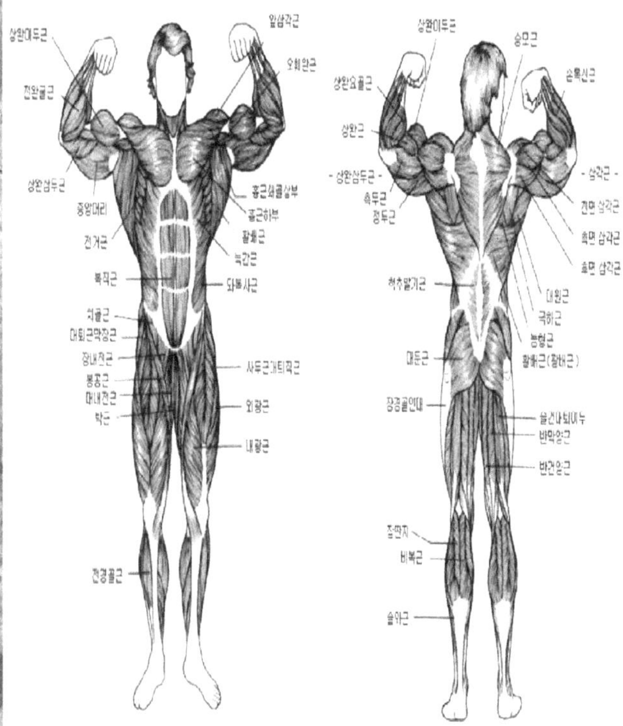

http://www.golftipsmag.com/instruction/faults-and-fixes/lessons/straighten-your-tee-shots.html?tmpl=component&print=1
http://blog.naver.com/lka0803?Redirect=Log&logNo=10132472838

그림 1-3. 팔로우스루 시 사용되는 주요근육

5. 골프 트레이닝에 사용되는 주요도구

폴라 워치

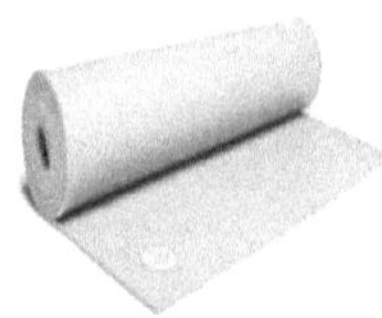

요가 매트

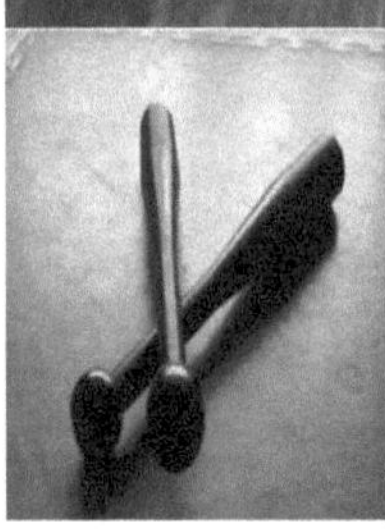

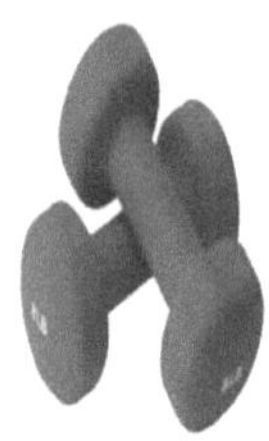

클럽벨 보수 케틀볼 짐볼 덤벨

그림 1-4. 트레이닝에 사용되는 주요도구 소개

6. 골프는 트레이닝이 필요한 스포츠

골프(Golf) VS 야구(Baseball)

골프는 다른 프로스포츠와 마찬가지로 많은 에너지가 소모되며 그에 대한 트레이닝은 필수이다.

예를 들어 골퍼들이 드라이버로 300야드의 공을 보내는 에너지와 야구 타자가 92m 정도의 홈런을 치는 에너지는 같다고 한다.

또한 핸디캡 10인 골퍼는 18홀 라운드를 하는 동안 평균 50번의 풀 스윙과 50번 이상의 연습 스윙을 하는 반면, 야구선수는 약간 무거운 야구 방망이를 가지고 한 경기 평균 5번 공을 치고 15번 정도의 스윙한다고 한다.

마지막으로 골퍼는 18홀 라운드 동안 7, 000m이상 걸음을 걷지만 야구는 중견수가 공수 교대를 하면서 움직이는 거리는 2, 000m보다 적게 걷는다고 한다.

" 골프의 격렬함(intensity)은 야구만 못하지만 골퍼는 야구 선수보다 훨씬 더 많이 움직여야 하며 더 많은 에너지를 소비 한다."

-피트 드라오비치(15년 이상 그렉 노먼의 체력훈련을 딤딩했던 트레이너)-

표 1-2. 각 종목별 칼로리 소비량

종목별 칼로리 소비량

종목	칼로리 소비량 (kcal/kg/분)			
골프	카트 플레이 411kcal(9홀)	워킹 플레이 721kcal(9홀) 1442kcal(18홀)	수동카트 플레이 718kcal(9홀)	골프백 메고 플레이 721kcal(9홀)
	평지: 0.073, 언덕:0.108			
야구	투수 0.091			
축구	0.144			
농구	0.144			
테니스	0.126			
수영	0.161			
달리기	200M:0.232			

Chapter 2.
골프 경기력에 영향을 주는 요인

Chapter 2.
골프 경기력에 영향을 주는 요인

1. 골프 경기력에 영향을 주는 요인

1) 체력적 요인

골프 경기력과 관계된 체력적 요인들은 총 5가지로 들 수 있으며, 대부분 스윙동작을 중심으로 이루어진다.

골프스윙은 하체를 기반으로 하고 허리를 축으로 몸 중심 부위의 근육을 이용하는 것이 특징이다.

경기력 향상에 있어서 절대 근력보다는 상·하체간의 근력 밸런스, 유연성, 근지구력이 가장 영향을 주며 이는 골프의 대표적인 운동 중 하나인 안정성과 운동성을 들 수 있다(송원익, 문창일 역, 2011).

표 2-1. 골프스윙에 필요한 신체조건

골프스윙에서 신체의 필요조건

단계	유연성	밸런스	협응력	근력	파워
Set-up	보통	보통	보통	보통	낮음
Backswing	높음	높음	높음	높음	낮음
Transition	높음	높음	높음	높음	보통
Downswing	높음	높음	높음	높음	높음
Impact	높음	보통	보통	높음	높은
Follow Through	높음	높음	높음	높음	낮음

① 근력이란(Strength)

근력은 골프경기에서 안정된 준비 자세와 정확한 스윙 동작을 위해 필요하며, 비거리와 다양한 구질 구사 등 폭발적인 순발력을 위해서 절대적으로 필요한 체력 요인이다.

http://www.laurierosenfeld.com/wp-content/uploads/2011/08/Focus-On-Your-Strengths-ThePerfectDesign-300x300.jpg

② 근지구력이란(Endurance)

https://mirror.enha.kr/

골프 경기 중 걷는 거리는 약 10km~12km 정도로 늦은 걸음으로 이동하지만, 총 운동량은 많다고 할 수 있다. 특히, 골프 경기는 3~4일간 연속적으로 진행되며, 경기 중 스윙동작과 걷기 동작을 지속적으로 수행해야하기 때문에 근지구력은 중요한 체력 요인이라고 할 수 있다.

③ 유연성이란(Flexibility)

골프의 기본이 되는 동작은 회전이다. 어깨와 몸통 회전 동작이 주축을 이루는데, 특히 어깨 회전도의 증가는 백스윙 시 상체의 회전을 원활하게 해주고, 스윙궤도를 크게 이룰 수 있는 원동력이 됨으로써 큰 의미를 찾을 수 있다.

또한 허리 근육의 유연성 증가는 경기 수행력 향상뿐만 아니라 상해예방을 위해서도 도움이 된다.

http://www.healthguidance.org/entry/15704/1/How-to-Improve-Flexibility.html

④ 평형성이란(Balance)

평형성은 근력과 유연성의 뒷받침 없이는 향상이 불가능한 복합적이고 협응적인 성격을 가진 체력요인이다.

평형성은 신체를 일정한 자세로 유지할 수 있는 능력을 말하며, 일관성 있도록 반복적으로 골프스윙을 하기 위한 중요한 요소이다.

골프 경기만의 특이한 경기요소인 다양한 지형과 기후 등 예측 불허한 환경에서 이루어지기 때문에 주어진 상황과 여건에 맞게 안정된 자세에서 경기를 수행할 수 있도록 평형성 능력을 향상시켜야 한다.

http://restlesslikeme.com/wp-content/uploads/2009/03/elephant-balance.jpg

⑤ 협응력이란(Coordination)

협응력은 신체의 상체와 하체, 좌·우측과 지각 기간과 감각기관, 중추신경과 말초신경 간의 상호 작용에 의해 발휘되는 능력을 의미한다.

골프 경기 간 원활한 협응력 발휘를 위해서는 골프 경기력에 필요한 근력, 근지구력, 유연성, 평형성 등의 체력요인과 다양한 여건에서의 골프 경기 경험 등이 갖추어져 있어야 한다.

http://www.haveabettergolfgame.com/hand-eye-coordination-and-golf/

2. 골프 경기력에 영향을 미치는 또 다른 요인

골프 경기력 향상에 영향을 미칠 수 있는 요인들은 크게 3가지로, 앞서 이야기 한 체력적, 기술적 요인과 마지막으로 심리적인 요인을 들 수 있다.

1) 기술적 요인

기술적 요인은 크게 그립(grip), 스탠스(stance), 스윙(swing), 퍼팅(putting)등으로 구분되며, 그립은 현재 오버랩(over lap), 인터록(inter rock), 베이스볼(baseball) 등 세 가지 유형들이 제시되고 있는데, Leadbetter(1990)는 각 그립의 형태는 각각의 장단점을 가지고 있기 때문에 선수 개인의 특성을 고려하여 숙달시키는 것이 적절한 방법이라고 하였다.

스탠스는 오픈(open), 스퀘어(square) 및 클로즈(close) 등 세 가지 유형들이 있는데, 스탠스 또한 개인의 특성과 상황에 따라 적절한 자세를 적용하게 한다.

스윙은 백스윙, 다운스윙, 포워드스윙으로 구분되는데, 신체의 동체 움직임을 중심으로 팔과 클럽이 이루는 각과 분절의 각도에 기초한 복합적인 동작 수행이 효율적인 스윙을 결정하게 된다.

스윙의 3대 요소 = 파워(power), 정확성(accurate), 항상성(constancy)

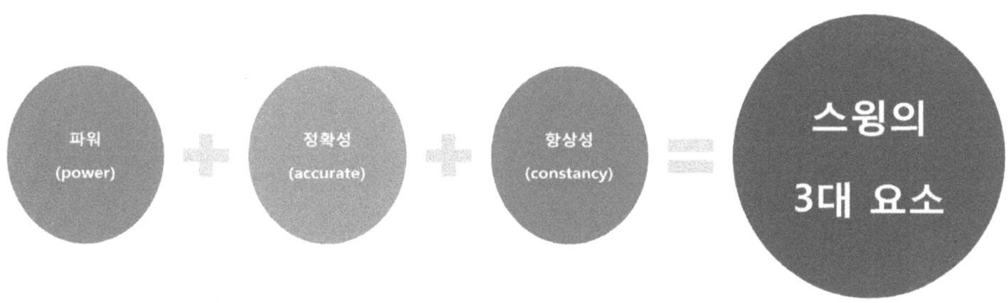

그림 2-1. 스윙의 3대 요소

① 파워(power)란

골프스윙 시 파워에 대한 이론을 살펴보면, 세계적으로 훌륭한 골퍼들은 다운스윙 중 약 4마력의 파워를 낼 수 있다고 전해진다. 이 정도의 파워를 내려면 적어도 30파운드의 근육이 최대의 힘으로서 수축하여야 가능하다(크레이그 데이비스, 빈스 디사이아 역, 2010).

결국 이것은 팔이나 손에 있는 지지근을 포함하여 온몸에 있는 큰 근육을 사용하여야만 필요한 파워를 낼 수 있다고 말할 수 있다(허남양 등, 2008).

Milburn(1982)은 팔과 몸통의 속도가 합쳐져야 최대 클럽의 속도가 나온다고 하였다.

전신근육에서 나오는 파워는 결국 팔과 클럽에 의하여 볼로 힘이 전달되어야 하는데, 이 과정에서 합리적인 동작이 필요하다.

이 합리적인 동작에 의한 힘의 전달 과정에서의 중요한 요인은 첫째, 주어진 근 모멘트로 온몸의 회전 속도를 최대화 시킬 수 있는 모양을 만들고, 둘째 타격 순간 시스템의 각 속도를 클럽 헤드의 직선 속도로 효율적인 전환을 할 수 있는 동작을 취해야만 한다(손지훈, 2012)

② 정확성(accurate)이란

정확성은 골프스윙 후 볼이 타깃 방향으로 얼마나 가깝게 근접하는지에 대한 요소이다.

이종숙, 이동기(2005)는 클럽면의 목표선과 직각이 될 때 정확한 스윙이 된다고 하였다. 예를 들자면 100야드 날리는 샷이 늘 페어웨이 안에서 플레이하기 위해서는 클럽 면과 스윙선 간에 2도 이상의 오차를 내지 않는 스윙, 스윙궤도의 방향은 6도 이상의 오차를 내지 않아야 하며 정확한 스윙 궤도는 다운스윙(down swing) 및 팔로우 스윙(follow swing)을 목표 방향으로 움직여 뒤에서 볼 때 겹쳐진 한 선으로 볼 수 있는 스윙이어야 한다고 말한다(크레이그 데이비스, 빈스 디사이아 역, 2010).

③ 항상성(accurate)이란

같은 스윙을 반복할 수 있는 능력을 항상성이라고 하는데, 항상성 있는 스윙을 하기 위해서는 스윙 자체가 간단해야 한다. 인체의 동작 자체가 복잡할수록 오류를 범할 소지가 많다.

이러한 오류는 결국 스윙 자체의 오차를 가져와 이를 상쇄하기 위하여 점점 더 반복된 스윙을 할 수 없게 된다. 가장 간단한 스윙하기 위한 동작은 직선운동이다(전희숙, 1988).

2) 심리적 요인

경쟁을 위주로 하는 골프 선수에게는 항상 긴장 상태가 유발되어 경기 중에 경험하게 되는 심리적 부담, 갈등상태, 초조감, 집중력 감소 등의 심리적 요인을 가지게 된다.

심리적 요인의 분석 중 최근 중요하게 고려되고 있는 것은 골프 경기가 기술의 정확성이 특히 요구된다는 점이다.

이러한 관점에서 심리학의 주요 분야는 운동제어에 관련된다고 이야기 할 수 있다(손재윤, 2008).

따라서 골프 경기에서 발생하는 경쟁 불안을 극복하기 위한 심리 이완 기법으로는 점진적 이완 기법(progressive relaxation), 바이오피드백(biofeedback), 자생 훈련(autogenic training), 심상기법 등이 이용되고 있다.

Chapter 3.
골퍼들의 주요 상해요인

Chapter 3.
골퍼들의 주요 상해요인

1. 골퍼들의 상해요인 소개

1) 상해의 시작과 원인

골퍼들이 상해를 입는 주요원인은 무리하고 과도한 연습과 기술미숙, 체력부족, 경기 전 준비운동 부족, 부주의 등으로 조사 되었다(Theriault G. et al., 1996; McCarroll J. R., et al., 1982,1990,1996; Jobe F. W. & Grimshaw. D M., 1991).

골프로 손상을 입는 비율과 신체 부위는 아마추어와 프로 골퍼 간에 차이가 있다.

프로 골퍼는 주로 근육과 관절의 과 사용으로 인해 상해를 입는 반면, 아마추어 골퍼들은 잘못된 스윙기술과 부족한 체력으로 인한 상해요인을 구분해 볼 수 있다.

골퍼의 대부분에 나타나는 흔한 상해는 허리, 손목, 어깨, 팔꿈치, 엉덩이다.

이러한 손상의 주요 원인으로는 스윙의 기술적 결함 및 신체훈련의 부족으로 인해 발생하게 되며, 보고된 연구들에 따르면 프로 골퍼에서 골프 관련 손상은 63%, 아마추어 골퍼에서는 36%를 차지한다고 한다(크레이그 데이비스, 빈스 디사이아 역, 2010).

대부분의 경우가 허리 손상을 입는 것으로 전문가들은 스트레칭과 규칙적인 운동 및 적절한 휴식을 통해 상해위험을 충분히 예방 가능하다고 이야기하고 있다(이승완, 2010).

골프스윙 중에 상해가 발생하는 시점은 주로 볼을 때리는 임팩트 시점이다.

상해는 장비를 들어 올리거나 운반할 때 또는 한 곳에서 다른 곳으로 이동할 때 발생 할 수 있지만, 스윙은 생체 역학적인 관점에서 모든 근골격계 조직의 참여를 필요로 한다(Theriault & Lachance, 1998).

골프스윙 시 볼을 때리기 전의 클럽 헤드의 속도는 평균 160km/h 이상 진행되며, 볼을 때리는 것은 매우 짧은 시간(0.2초)에 이루어진다.

골퍼들이 18홀을 라운드 하는 동안에 볼을 때리는 횟수는 평균 40~50회 정도 반복 되며, 연습 시에는 300번 이상을 반복하기 때문에 프로 골퍼와 아마추어 골프들 모두에게 근육의 과 사용 또는 심각한 외상이 자주 나타 날 수 있다(이승완, 2010).

① 허리 손상

골프스윙은 척추를 앞으로 구부려 여러 관절들을 통해 최대로 회전해야만 효율적인 스윙이 이루지기 때문에 스윙 중의 허리 손상은 흔히 나타나는 상해증상 중 하나이다. 허리손상에 관련해 이해를 돕자면, 매번 스윙을 할 때 허리에서 관찰되는 압력은 체중의 8배에 해당한다고 한다.

예를 들어 골퍼의 체중이 80kg이라면 풀 스윙 할 때마다 640kg의 압력이 허리에 가해진다는 소리이며, 이러한 비교만으로도 매 스윙에서 척추에 가해지는 고도한 힘을 견뎌내기에 몸은 얼마나 준비가 되어있는지 알아 봐야 할 것이다.

② 손목 손상

손목 손상은 골프 클럽이 볼과 접촉하는 임팩트 순간에 자주 일어난다. 주요 손상 요인들을 찾아보면 주말 골퍼들의 스윙 시 자주 치는 두꺼운 샷 또는 뒤 땅(fat shot) 샷을 이야기 할 수 있으며 이는 볼을 치기 전 땅을 먼저 때리는 경우를 이야기한다. 상급자 골퍼들의 경우 종종 깊은 러프에서 볼을 쳤을 때 2차적으로 발생하는데, 이때 클럽 헤드가 긴 풀에 걸려 두꺼운 샷을 하는 것과 비슷한 증상이 나타난다. 두 가지 증상의 공통적인 현상은 손목의 급격한 감속이 손상을 유발시킨다는 것이다. 이러한 상황에서 손상을 방지하기 위해서는 강한 힘을 손목이 대처하기 위해서는 손목을 단련시켜 한다(크레이그 데이비스, 빈스 디사이아 역, 2010). 손목 손상의 경우 치유과정이 다른 부위보다 더디기 때문에 미리 손목의 근력을 단련시켜 손목 손상까지 이어지지 않도록 예방하는 것이 최선이다.

③ 어깨 손상

어깨는 흔히 견관절 복합체라고 하는데, 프로 골퍼 사이에 자주 손상을 입는 신체부위로 앞쪽 어깨에 손상을 입는 경우가 무려 75%에 달한다고 한다. 어깨는 골프스윙에 있어 큰 운동범위를 맡고 있는데 본질적으로 불안정한 관절로, 주로 관절을 둘러싼 연조직에 의존해 안정을 찾는다. 3개의 뼈(쇄골, 상완골, 견갑골)와 20개 근육들이 작용하고 95곳의 부위에 부착된다고 한다(크레이그 데이비스, 빈스 디사이아 역, 2010). 많은 전문가들이 어깨 손상의 이유를 체력훈련 시 20여개의 어깨 근육가운데 소수의 근육에만 집중하는데 결과적으로 부정적인 영향을 가지고 온다고 이야기한다. 보이는 근육 외에 보이지 않는 근육을 훈련시키는 것이 중요하다는 것이며 어깨 근육의 불균형은 어깨 통증으로 이어진다.

④ 팔꿈치 손상

골프에서 팔꿈치 손상은 허리 손상과 더불어 흔한 손상에 포함된다. 골프 엘보라고 흔히 말지만, 사실 골프에서 가장 흔한 손상은 테니스 엘보와 외측상과염이라고 이야기한다.

이 손상은 스윙하는 동안 클럽을 너무 힘 있게 쥐어서 팔꿈치 조직에까지 과부하를 가하게 되는데, 골퍼들에게 테니스 엘보가 생기는 기타 흔한 원인들을 살펴보면 아래와 같다.

테니스 엘보 원인들은 다음과 같이 찾을 수 있다.

⊙ 팔로우 스루 동작에서 닭 날개 스윙 오류
⊙ 임팩트 직후 왼쪽팔이 당겨지는 현상
⊙ 스윙 시작구간인 테이크어웨이 동작에서 팔꿈치 굽힘

골퍼 엘보 원인들은 다음과 같이 찾을 수 있다.

⊙ 다운스윙에서 클럽을 일찍 릴리스 시 발생
⊙ 다운스윙 시작 시 오른쪽 팔꿈치가 펴지고 손목 코킹이 풀리는 현상(Cast motion)

위의 원인들은 골퍼로 하여금 급격한 힘을 들여 팔꿈치를 펴게 하여 팔꿈치 조직에 과부하를 가하게 된다.

이와 같은 나쁜 테크닉으로 반복 스윙 시 팔꿈치의 조직손상을 유발하고 스윙할 때마다 해당 부위에 통증을 유발할 수 있다.

⑤ 엉덩이 손상

엉덩이의 통증은 골프스윙에서 적절한 회전과 효율적인 스윙 패턴을 불가능하게 한다.

많은 골퍼들이 엉덩이, 골반과 몸통의 회전이 효율적인 스윙을 위해 필요하다는 사실을 알지만, 대부분이 엉덩이의 근력과 움직임이 적절하지 못한다.

엉덩이의 근력과 기술적으로 비효율적인 스윙을 초래할 뿐만 아니라 엉덩이에서의 힘의 배분도 이상하게 된다.

2) 골퍼스윙 패턴 별 상해요인 소개

골프스윙은 각각의 6가지 단계로 구분 될 수 있다.(Jobe & Perry, 1989; McCarroll 등, 1990). 이는 다시 큰 동작으로 구분하여 볼 때 3단계로 나누어진다. 첫째, 어드레스 준비 자세에서 백스윙구간, 둘째, 다운스윙에서 볼에 힘을 전달하는 임팩트 구간, 셋째, 팔로우 스루에서 피니시 구간으로 나눌 수 있으며, 각 구간 별로 특정한 근육과 관절들이 사용된다. 이번 소개할 내용들은 스윙의 각 단계별로 상해를 유발시키는 동작들에 대해 설명하고자 한다.

① 백스윙 구간의 상해요인

그림 3-1. 백스윙 구간의 상해요인

▶ 엉덩이 대신 척추부분에서의 상체굴곡은 백스윙 시 척추의 과도한 움직임과 비정상적 근육 긴장을 증가시킨다.

▶ 근육의 과도한 긴장은 다운스윙 속도를 감소시키며 임팩트 시 팔꿈치와 손목의 상해를 유발시킨다.

▶ 너무 넓은 보폭의 스탠스는 몸동 회선을 감소시켜 척추근육에 좌상을 유발한다.

▶ 백스윙 시 과도하게 팔과 어깨를 들어 올리면 왼쪽 팔이 어깨를 가로지르게 되어 견봉하조직에 충돌을 일으키고, 회전근계로부터 안정성을 잃게 한다.

▶ 척추가 왼쪽 방향으로 기울거나 지면과 수직이 되지 않고, 오른쪽 방향으로 체중이 이동되면, 팔로우스루가 끝날 무렵 반대편 척추만곡을 가중 시킨다.

▶ 오른쪽 방향으로의 체중이동이 비정상적으로 오른쪽발 바깥쪽에 실리면 균형을 잃게 하거나, 오른쪽 발목 염좌를 일으키게 한다.

② 다운스윙 구간의 상해요인

그림 3-2. 다운스윙 구간의 상해요인

▶ 다운스윙에서 격렬한 몸통의 회전 이후에 흉부와 복부 근육에 좌상이 발생할 수 있다.

▶ 좌측으로의 체중이동은 좌측 엉덩이, 무릎, 발목과 발에 큰 부하를 줄 수 있으며, 골관절염의 위험을 증가시킨다.

▶ 외측 또는 내측 상과염은 그립을 너무 강하게 잡거나 팔꿈치에 과시 전에 있을 때 발생한다.

▶ 다운스윙 시에 과도한 굴곡과 신전 또는 균형을 잃고 지면을 칠 경우에 심각한 손과 손목에 상해를 입을 수 있다.

▶ 임팩트 시 왼쪽 다리 특히, 왼쪽 둔부에는 8.8~11.7kg/m^{2}의 무게가 실리게 되며, 반복되는 무게이동 동작은 고관절에 퇴행성 골관절염을 가지고 있는 노인 골퍼에게는 상해 및 불편함을 일으킨다.

③ 팔로우스루 구간의 상해요인

그림 3-3. 팔로우스루 구간의 상해요인

▶ 어깨의 건과 회전근계는 강한 팔로우스루 시 과도한 부하를 받는다.

▶ 엉덩이와 요추의 상해는 팔로우스루 시 너무 갑자기 멈추게 되면 발생힌다.

▶ 과도한 척추전만을 일으키면서 강한 드라이브를 할 경우 척추 후면과 광배근에 과도한 스트레스를 초래한다.

▶ 균형을 잃고 체중이동이 되었거나, 미끄러졌을 경우 발목과 무릎에 염좌를 일으킬 수 있다.

3) 골퍼들의 상해 예방을 위한 스트레칭

골프를 하다 보면 상해를 입을 수 있는데, 대부분의 경우 무리한 움직임으로 인한 근육의 염좌 발생이다. 이 때 콜라겐 섬유의 불규칙 배열이 나타난다. 이 상태에서 형성되는 신생 조직은 매우 약하기 때문에 이 조직을 강하게 만들기 위해서는 부드러운 운동을 전개할 필요가 있다.

따라서 치유과정에서 콜라겐 섬유를 신전시키면 스트레스가 걸리는 방향으로 나란히 배열되어 있기 때문에 최종적으로 상해를 입은 부분은 보다 강하게 변화된다.

대부분의 콜라겐은 부상 후 16~21일 에 형성되기 때문에 상해 부위가 굳어지는 감을 느끼게 된다. 따라서 이시기에 굳어짐을 방지하고 탄력도를 증가시키는 방법의 스트레칭이 매우 효과적이다.

상해를 치유하는 과정 중 외상을 입은 직후에 실시하는 스트레칭 운동은 적절치 못하다.

그 이유는 다음과 같다

⊙ 손상 부위가 매우 약하게 변해 있으므로 운동 시 쉽게 단열되기 쉽다

⊙ 스트레칭을 하다 다친 조직을 쉽게 잡아 당겨 조직의 손상이 더 악화 될 수 있다

⊙ 외상으로 죽은 조직이 제거될 때까지 콜라겐 조직은 형성되지 않고 있기 때문에 이 시기까지는 신전운동의 효과가 없다

일반적으로 외상의 경과는 두 시기로 나눌 수 있는데, 첫 번째 시기는 급성기로 부상 발생부터 5일까지를 의미한다. 이 시기에서는 손상 부위가 아직 염증 단계에 있기 때문에 치료 목적은 외상의 악영향을 최소화 시키는 일이다.

5일 후에는 염증이 가라앉고 제 2시기인 회복기로 들어가게 된다. 이 시기에는 스트레칭을 반드시 실시해야 하는데, 그 이유는 손상부위의 콜라겐 조직을 강하게 하고 신체부위를 지지하기 위해 조직과 같은 방향으로 자극을 주어야하기 때문이다. 이 때 근육을 긴장시키고 자극 폭을 넓히는 근력 강화 훈련도 실시하는 것이 좋다. 이는 근섬유가 엉겨 붙지 않고 떨어지게 하는데 효과가 크기 때문이다(체육과학연구원, 2003).

① 허리통증에 도움을 주는 스트레칭

허리 통증은 골프를 하다보면 흔히 볼 수 있는 손상이다. 스윙 할 때 마다 척추로 전달되는 고도의 힘 때문에 척추를 보호하기 위해서는 관련 근육을 모두 적절히 단련시키는 것이 중요하다.

⊙ 런지 모빌리티 스트레치(Lunge Mobility Stretch)

런지 모빌리티 스트레치 운동은 허리와 골반에서 활성화되는 2개의 주요 근육을 단련시키는데 도움이 되며, 이 두 근육을 적절히 작용할 수 없다면 올바르게 어드레스하고 볼을 치는 능력이 결여될 뿐만 아니라 스윙 시 등에 손상을 입을 위험이 크다.

그림 3-4. 런지 모빌리티 스트레치 자세

표 3-1. 런지 모빌리티 스트레치 운동방법

관련근육	운동방법
• 대요근 • 대퇴직근	1. 왼쪽발을 앞으로 내딛고 오른쪽 무릎을 뒤로 지면에 대어 런지 자세를 취한다. 2. 운동 내내 등을 곧게 펴고 가슴을 내민다. 3. 앞쪽 다리를 구부려 천천히 몸을 앞으로 이동시킨다. 4. 뒤쪽 다리의 대퇴 상부와 내부에서 신전을 느끼면 5초 후 멈춘다. 5. 시작 자세로 되돌아가 원하는 횟수만큼 반대쪽 다리도 반복한다.

⊙ 누워서 몸통 트위스트(Body twist lay down on floor)

누워서 몸통 트위스트 운동은 스윙 중 골반과 몸통 회전을 하는데 필요한 내외복사근과 복직근을 강화시키는 운동이다.

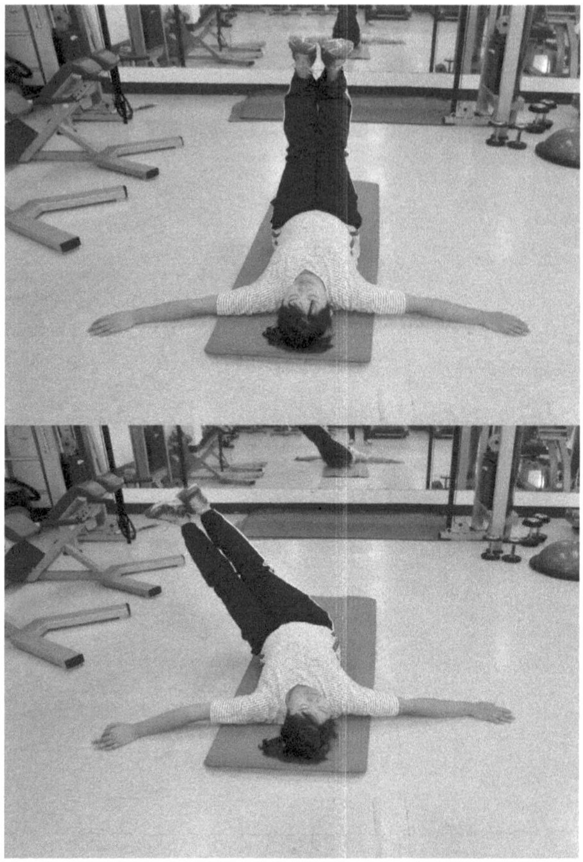

그림 3-5. 누워서 몸통 트위스트 자세

표 3-2. 누워서 몸통 트위스트 운동방법

관련근육	운동방법
• 내외복사근 • 복직근	1. 바닥에 등을 대고 누워서 양팔을 일직선으로 벌린 다음 양발을 모아 수직으로 들어올린다. 2. 복부가 뒤틀린다는 느낌이 들 정도로 다리를 왼쪽으로 내린다. 3. 바닥에 닿기 직전까지 내리고, 원위치하고 같은 방법으로 반대편도 한다. 4. 회수는 5회씩 3세트로 진행한다.

⊙ 싱글-림 버드 도그(Single-Limb Bird Dog)

싱글-림 버드 도그 운동은 허리의 통증 재활과 허리 강화에 가장 많이 이용되는 운동 중 하나이다. 이 동작은 많은 중심부 근육의 강화에 도움이 되며 사자를 움직이는 동안 몸이 안정화하는 방법을 익히도록 도와준다.

그림 3-6. 싱글-림 버드 도그 자세

표 3-3. 싱글-림 버드 도그 운동방법

관련근육	운동방법
• 복횡근 • 다열근 • 척추기립근 • 중둔근 • 대둔근 • 광배근 • 능형근	1. 양손을 어깨 아래에, 양 무릎을 엉덩이 아래에 둔 자세로 기어가는 동작을 취한다. 2. 운동 내내 등과 목을 곧게 편다. 3. 골반이나 등을 움직이지 않은 자세로 오른쪽 팔을 들어 올려 앞으로 쭉 뻗는다. 4. 시작 자세로 되돌아가 반대쪽 팔로 반복한다. 5. 오른쪽 다리를 들어 올려 뒤로 쭉 뻗는다. 6. 시작 자세로 되돌아가 반대쪽 다리로 반복한다.

⊙ 한발 브릿지(One leg bridge)

한 발 브릿지 운동은 스윙 중 골반과 몸통 회전을 지지하는데 필요한 대퇴이두근, 대둔근과 척추기립근을 강화시키는 운동이다.

그림 3-7. 한발 브릿지 자세

표 3-4. 한발 브릿지 운동방법

관련근육	운동방법
• 대퇴이두근 • 대둔근 • 척추기립근	1. 바닥에 등을 대고 누워서 양손을 모아 천장을 향해 뻗는다. 2. 양발은 힘에 가깝게 당겨 발바닥을 바닥에 댄다. 3. 아랫배를 위로 들어 올리고 왼쪽 무릎을 펴고 자세를 30초간 유지한다. 4. 30초씩 3세트로 진행하며 반대쪽 다리로 변경하여 같은 방법으로 진행한다.

⊙ 니-다운 프런트 플랭크(Knee-Down Front Plank)

니-다운 프런트 플랭크 운동은 척추를 보호하는 작은 근육의 근력과 기능을 강화하는 데 도움이 되는데 훌륭한 운동이다. 등에 통증이 있는 골퍼라면 필수 운동이며, 이 운동 시 가장 중요한 점은 자세를 완벽하게 하는 것이다.

그림 3-8. 니-다운 프런트 플랭크 자세

표 3-5. 니-다운 프런트 플랭크 운동방법

관련근육	운동방법
• 복횡근 • 복직근 • 내복사근 • 외복사근 • 등 하부 신근 • 대요근 • 전거근	1. 양팔을 굽히고 몸의 양옆에 가까이 한 자세로 얼굴을 아래로 향하여 눕는다. 2. 몸을 지면에서 들어 올리고 복부와 등 근육을 타이트하게 한다. 3. 체중은 전완과 무릎에 실리게 하고 시선을 바닥을 내려다본다. 4. 15~20초 동안 이 자세를 유지한다. 5. 허리가 처지지 않도록 한다. 6. 자세를 유지하면서 숨 쉬는 것을 잊지 않는다.

② 손목통증에 도움을 주는 스트레칭

골프에서 손과 손목은 아주 중요한 부분이다. 손과 손목을 잘못 움직이면 스윙 내내 여러 방법으로 보상을 유발시키는 동작을 추가해야한다. 주로 부상의 원인을 살펴보면 클럽 릴리스가 주는 스트레스를 감당할 수 없을 때 흔히 손목 손상을 일으킨다.

⊙ 리스트 디비에이션(Wrist Deviation)

리스트 디비에이션 운동은 손목을 강화시키기도 하지만 손목 손상을 예방할 수 있는 운동으로 손목의 운동범위가 충분하도록 도와준다.

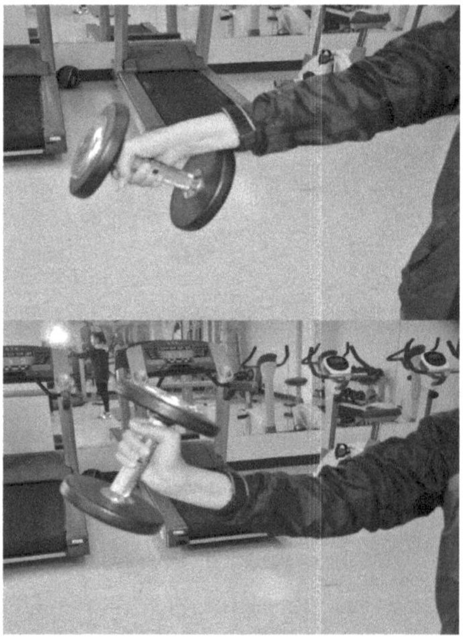

그림 3-9. 리스트 디비에이션 자세

표 3-6. 리스트 디비에이션 운동방법

관련근육	운동방법
• 상완요골근 • 수관절 인대	1. 선 자세에서 앞으로 쭉 뻗은 오른쪽손으로 가벼운 덤벨을 든다. 2. 운동 내내 오른쪽 팔꿈치를 쭉 펴고 오른쪽 손바닥이 왼쪽을 향하게 한다. 3. 천천히 손을 바닥 방향으로 기울인다. 4. 그런 다음 천천히 손을 위로 가능한 한 높이 기울인다. 5. 원하는 횟수만큼 반복한 다음 다른 쪽 손으로 반복한다.

③ 어깨통증에 도움을 주는 스트레칭

어깨는 골퍼의 신체에서 흔히 손상을 입는 부위의 하나이고, 스윙 도중 기술적으로 나쁜 자세를 유발하는 부위의 하나이다. 많은 골퍼들이 백스윙을 할 때 정점으로 어깨를 완전히 회전시키는데 문제가 있다. 다음은 어깨에 가해지는 스트레스와 부족한 유연성 및 근력을 보강해 줄 수 있는 방법들을 소개하고자 한다.

⊙ 쇼울더 엑스터널 로테이션 사이드스테핑
(Sidestepping With Shoulder External Rotation)

쇼울더 엑스터널 로테이션 사이드테이핑 운동은 전완과 손목의 근력을 기르면서 아울러 어깨 안정근 근력을 기르는데 도움이 되며, 손목, 전완과 어깨를 통해 근력강화에도 좋다.

그림 3-10. 쇼울더 엑스터널 로테이션 사이드스테핑 자세

표 3-7. 쇼울더 엑스터널 로테이션 사이드스테핑 운동방법

관련근육	운동방법
• 극상근 • 극하근 • 소원근 • 중간 승모근 • 하부 승모근 • 능형근 • 삼각근 • 전거근	1. 다리를 어깨너비로 벌리고 무릎을 약간 굽힌 채 선다. 2. 튜빙은 기둥에 감아 걸거나 아니면 고정시켜야 한다. 3. 오른쪽 손으로 튜빙을 잡고 오른쪽 팔꿈치를 90도로 구부린다. 4. 어깨로만 회전시켜 손이 몸에서 멀어지게 한다. 5. 운동 내내 이러한 팔 자세를 유지한다. 6. 전완, 손목과 손은 일직선이 되어야 한다. 7. 양발을 우측으로 내딛은 다음 왼쪽으로 되돌아간다. 8. 원하는 횟수만큼 반복한 다음 다른 쪽 팔로 전환한다.

⊙ 아이솔레이티드 쇼울더 리트랙션(Isolated Shoulder Retraction)

아이솔레이티드 쇼울더 리트랙션 운동 방법은 상부와 목에 가해지는 스트레스를 감소시키는데 도움을 줄 수 있다.

그림 3-11. 아이솔레이티드 쇼울더 리트랙션 자세

표 3-8. 아이솔레이티드 쇼울더 리트랙션 운동방법

관련근육	운동방법
• 중간 승모근 • 하부 승모근 • 대능형근 • 소능형근 • 전거근	1. 양팔을 앞으로 뻗어 어깨높이로 올린다. 2. 앞에 있는 뭔가를 끌어안으려는 것처럼 등을 둥글게 한다. 3. 오직 견갑골 사이의 근육만을 조여 견갑골을 오므리고, 천천히 여덟을 셀 때까지 멈춘다. 4. 어깨를 위로 귀 방향으로 으쓱하지 않도록 하고 끝날 때 까지 어깨를 낮춘 자세를 유지한다. 5. 원하는 횟수만큼 반복한다.

⊙ 푸시업 플러스(Push-Up Plus)

푸시업 플러스 운동은 골퍼가 중심부 안정성을 기르면서 적절히 견갑골을 분리하고 접근시키는 방법을 배우도록 도와준다.

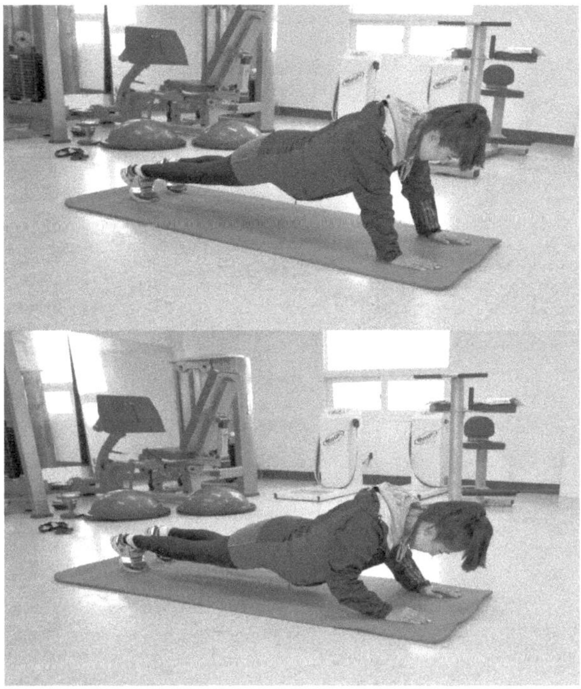

그림 3-12. 푸시업 플러스 자세

표 3-9. 푸시업 플러스 운동방법

관련근육	운동방법
• 전거근 • 능형근 • 중간 승모근 • 하부 승모근	1. 푸시업 자세로 시작한다. 2. 등 상부를 천장으로 들어 올려 천천히 견갑골을 가능한 한 멀리 벌린다. 3. 견갑골을 약간 오므려 천천히 등을 2.5cm 정도 낮춘다. 4. 팔은 쭉 편 상태로 유지하고 모든 움직임은 척추가 아니라 견갑골을 통해 일어나야 한다. 5. 시작 자세로 되돌아가 반복한다.

⊙ 슬리퍼 스트레치(Sleeper Stretch)

슬리퍼 스트레치 운동은 견괄절 관절낭의 유연성을 유지시키는 훈련방법이며, 견관절 가동성의 감소를 예방하고 견관절 회전근개 손상의 횟수를 감소시키는데 도움이 된다.

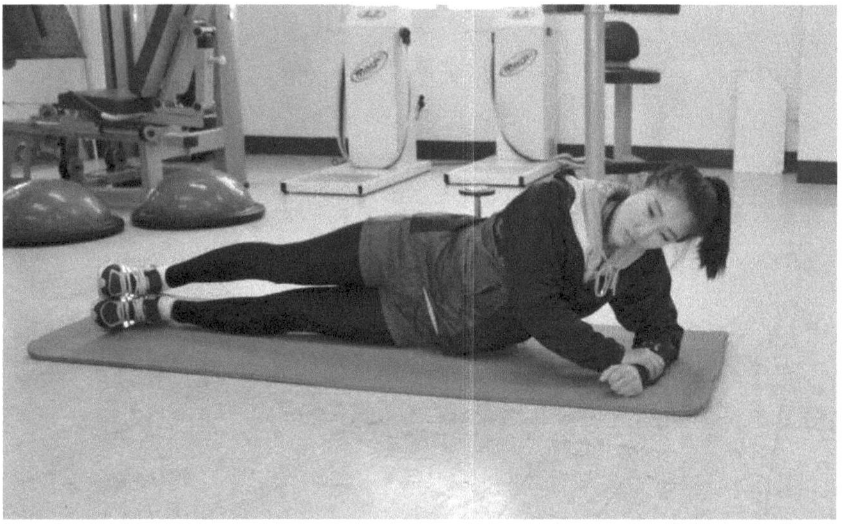

그림 3-13. 슬리퍼 스트레치 자세

표 3-10. 슬리퍼 스트레치 운동방법

관련근육	운동방법
• 견관절 • 후관절낭 • 회전근개	1. 오른쪽 옆으로 눕는다. 2. 오른쪽 팔꿈치를 90도 구부려 어깨 높이에 위치시킨다. 3. 왼쪽손을 오른쪽 전완의 등에 얹는다. 4. 왼쪽팔을 오른쪽 손목의 뒤로 밀어 오른쪽 전완을 지면 방향으로 내린다. 5. 오른쪽 어깨에서 깊은 신전이 느껴지면 20초 동안 멈추고 기다린다. 6. 왼쪽으로 바꾸어 반복한다.

④ 팔꿈치통증에 도움을 주는 스트레칭

팔꿈치의 통증은 주로 다운스윙 시 클럽의 과다 사용 또는 조기 릴리스에 의한 것이다.

다운스윙은 손목 코킹을 지연시켜 파워를 임팩트에 전달 할 때 전완근육의 근력이 필요한데, 팔과 클럽 간의 각도가 너무 빨리 흐트러지면 전완 근육이 과도한 힘을 받아 훨씬 더 빨리 손상을 일으킨다.

⊙ 덤벨 포암 플렉션(Dumbbell Forearm Flexion)

덤벨 포암 플렉션 운동은 전완 근육을 강화해 클럽 릴리스의 힘을 견뎌내게 해주는데 도움을 준다.

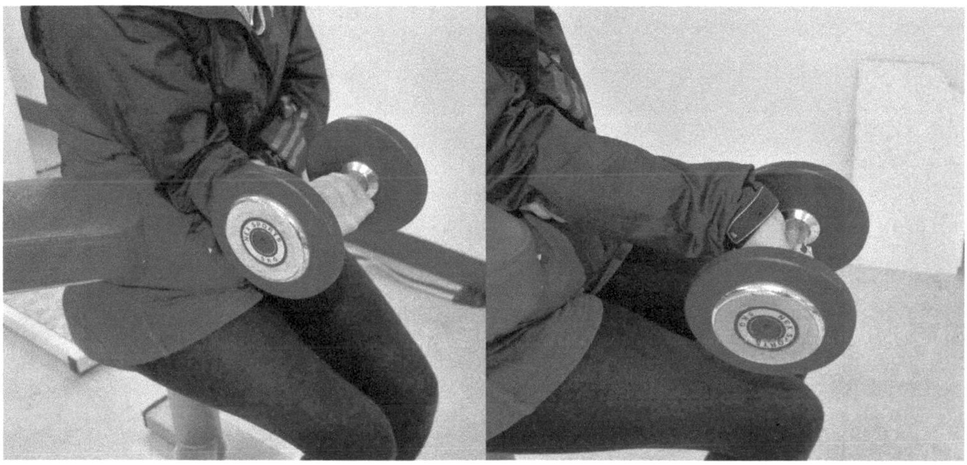

그림 3-14. 덤벨 포암 플렉션 자세

표 3-11. 덤벨 포암 플렉션 운동방법

관련근육	운동방법
• 요측수근굴근 • 척측수근굴근 • 장장근 • 천지굴근 • 심지굴근	1. 덤벨을 쥐고 앉아 오른쪽 전완을 앞으로 내밀어 손바닥이 위로 향하도록 한다. 2. 손목을 늘어뜨린 자세로 시작해서 천천히 손목을 들어 올려 완전히 굴곡 시킨다. 3. 둘을 셀 때까지 멈추고 시작 자세로 되돌아간다. 4. 원하는 횟수만큼 반복한 다음 왼쪽을 운동한다.

⊙ 덤벨 포암 익스텐션(Dumbbel Forearm Extension)

덤벨 포암 익스텐션은 전완 근육을 훈련시켜 근력을 길러줌으로써 손상을 예방할 뿐만 아니라 클럽 각도를 유지하는 데도 도움이 된다.

그림 3-15. 덤벨 포암 익스텐션 자세

표 3-12. 덤벨 포암 익스텐션 운동방법

관련근육	운동방법
• 장요측수근신근 • 단요측수근신근 • 지신근	1. 덤벨을 쥐고 벤치에 앉아 오른쪽 전완을 오른쪽 대퇴 위에 얹어 손바닥이 들어 올려 완전히 신전시킨다. 2. 손목을 곧게 편 자세로 시작해서 천천히 손목을 들어 올려 완전히 신전시킨다. 3. 둘을 셀 때까지 멈추고 시작 자세로 되돌아간다. 4. 원하는 횟수만큼 반복한 다음 왼쪽에서 운동을 한다.

⊙ 덤벨 로테이션(Dumbbell Rotation)

덤벨 로테이션 운동은 적절한 클럽의 턴 오버를 돕는 근육을 강화한다. 또한 이러한 근력은 반복 스윙으로 인한 팔꿈치 손상과 빨리 손목을 턴 오버시키려는 시도를 방지하는 데 도움이 된다.

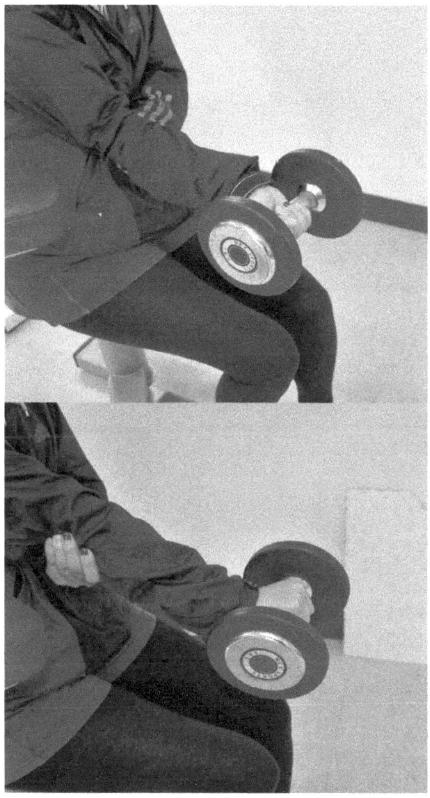

그림 3-16. 덤벨 로테이션 자세

표 3-13. 덤벨 로테이션 운동방법

관련근육	운동방법
• 원회내근 • 회외근 • 방형회내근 • 상완요골근	1. 한손에 덤벨을 들고 팔꿈치를 몸 옆으로 90도 구부린 채 선다. 2. 천천히 손목과 전완을 완전히 회전시켜 손바닥이 지면을 향하도록 한다. 3. 천천히 원래대로 회전시켜 손바닥이 위를 향하게 한다. 4. 다른 쪽 팔로 반복한다.

⑤ 엉덩이 통증에 도움을 주는 스트레칭

엉덩이는 골프스윙의 큰 역할을 하는데, 이 부분에 통증이나 손상이 있다면 스윙을 하는데 어려움을 갖게 된다. 이러한 손상의 대부분이 고관절에 대한 스트레스인데 골반의 안정을 위해 도움이 되는 운동방법을 소개하고자 한다.

⊙ 클램(Clam)

클램 운동은 엉덩이를 올바로 회전시킬 뿐만 아니라 몸통과 골반의 안정을 유지시키도록 해주는데 도움이 된다.

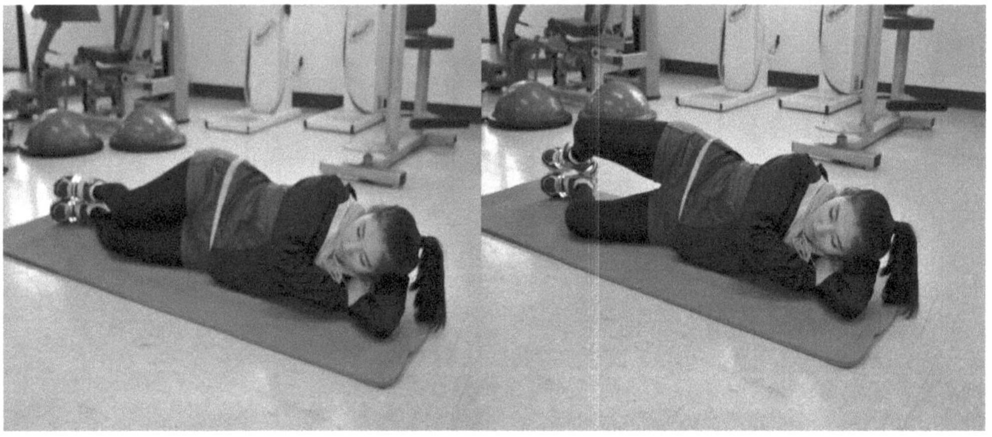

그림 3-17. 클램 자세

표 3-14. 클램 운동방법

관련근육	운동방법
• 중둔근 • 소둔근 • 이상근 • 내복사근 • 외복사근 • 복횡근	1. 오른쪽 옆으로 누워 양 무릎을 90도 정도 구부리고, 발목 엉덩이와 어깨는 모두 나란히 한다. 2. 양발을 닿게 한 자세로 천천히 무릎을 위로 가능한 한 멀리 들어 올린다. 3. 운동 중 골반이나 허리를 전혀 움직이지 않도록 한다. 4. 시작 자세로 되돌아가 원하는 횟수만큼 반복하고, 다른 쪽 다리로 운동을 반복한다.

⊙ 피규어 포 레그 익스텐션(Figure 4 with Leg Extension)

피겨 포 레그 익스텐션은 햄스트링 및 반대쪽 엉덩이의 근육을 동시에 신전시키는 훌륭한 운동이다. 이 운동은 허리와 엉덩이 손상을 감소시켜준다.

그림 3-18. 피규어 포 레그 익스텐션 자세

표 3-15. 피규어 포 레그 익스텐션 운동방법

관련근육	운동방법
• 햄스트링 • 중둔근 • 대둔근 • 대요근	1. 등을 대고 누워 오른쪽 발목을 왼쪽 대퇴 위에 교차시키고 왼쪽 무릎을 약 90도 구부린다. 2. 왼쪽 대퇴를 양손으로 붙잡고 왼쪽 둔부에서 신전을 느낄 때까지 왼쪽 대퇴를 가슴 방향으로 당긴다. 3. 다리를 가슴으로 더 가까이 당겨 부드럽게 둔부에서 신전을 증가시킨다. 4. 왼쪽 무릎을 쭉 뻗어 햄스트링에서 신전을 느낀다. 5. 20~30초 동안 멈춘다. 6. 다른 쪽으로 변경하여 반복한다.

Chapter 4.
유연성 향상을 위한 스트레칭

Chapter 4.
유연성 향상을 위한 스트레칭

1. 준비운동의 중요성과 유연성 향상을 위한 스트레칭 소개

1) 준비운동의 필요성 및 스트레칭의 종류

골프경기 전 준비운동은 실전만큼 중요한 것 중 하나이다. 많은 선수들이 운동 전이나 시합 전에 스트레칭을 하는데, 스트레칭을 하는 목적은 유연성의 증가와 운동 상해 예방에 도움을 얻기 위함이다. 스트레칭에는 정적 스트레칭과, 동적 스트레칭, 고유수용성 신경근 촉진방법(PNF) 등이 있다.

① 정적 스트레칭(Static Stretching)

☞ 한 자세로 서서히 부드럽게 30~60초 동안 정지하여 시행

☞ 근력을 되레 약화시켜 최대 30%까지 감소, 한쪽 다리를 스트레칭하면 다른 쪽 다리의 근력도 같이 약해짐

☞ 잡아당겨서 긴장시킨 근육은 반응력이 떨어져 최대 30분간 평소보다 더 약해진 상태 유지

☞ 전혀 부상 예방 효과가 없다

☞ 운동이 끝나고 20~30분 동안 실시

② 동적(다이나믹) 스트레칭(Dynamic Stretching)

☞ 움직이면서 근육과 힘줄의 이완과 관절의 가동범위를 증가

☞ 체온을 높여 혈액 순환을 좋게 하고 근육과 힘줄을 이완시켜 관절의 가동 범위도 향상

☞ 근력과 유연성을 모두 증가

③ 고유 신경근 촉진방법PNF(Proprioceptive nerve Facilitation)

☞ 실질적으로 스트레칭에 의해 늘어나는 근육을 촉진, 억제, 강화와 이완을 통해서 기능적인 운동을 증진시킴

스트레칭을 통해 유연성을 증진시키기 위해서는 근육과 건이 적응 할 수 있는 범위 내에서 최대의 효과를 얻기 위한 방법이 선택 되어야 한다. 스트레칭은 유연성의 증가와 운동 상해 예방에 도움이 되는 것으로 알려져 있다. 유연성은 체력의 구성요소 중 하나로, 관절의 가동범위를 의미한다.

유연성은 크게 두 가지로 분류되는데, 하나는 관절의 유연성으로 관절 부위의 결합조직을 변형시키기 위한 능력을 바탕으로 단일 관절에서 이용 가능한 운동범위를 말한다.

또 다른 하나는, 근육의 유연성으로 단일 관절의 가동범위 내에서 근육의 길이를 최대로 신장시키는 능력을 의미한다. 일반적으로 이러한 유연성은 관절과 근육의 유연성을 더한 것이라고 말할 수 있다.

관절의 운동범위는 관절 면의 모양과 방향에 따라 달라지며, 관절운동 범위와 근육의 유연성은 인체 조직의 생리학적 특성과 신경생리학적 특성에 영향을 받는다. 준비운동은 결합조직과 근육, 건을 포함한 체온을 증가시켜 협응 운동을 강화 시켜준다.

반면 불충분한 준비운동은 근육과 건에 염좌를 일으키기 쉽다. 등척성 운동을 하기 전 준비운동은 근육과 건에 염좌를 일으키기 쉬우며, 운동을 하기 전 준비운동을 시행한 근육과 시행하지 않은 근육 중 준비운동을 시행한 근육이 더 큰 장력에 견디며, 근육의 탄력성 또한 더 좋았다고 보고되고 있다(이승완, 2010).

2) 유연성 향상을 위한 스트레칭 소개

유연성은 신체의 효율적인 움직임에 아주 중요한 요소이며, 어떤 특정한 하나의 관절이지만 여러 개가 결합된 관절에 대한 가동범위(Range of Motion; ROM)이라고 정의할 수 있다 (송원익, 문창일 역, 2011).

유연성 향상을 위한 스트레칭은 다음의 원칙에 준하여 실시한다.

☞ 특정 관절의 유연성을 증가시키기 위해서는 그 관절에 해당하는 근육을 늘려주는 운동을 선택해야 한다.

☞ 유연성을 증가시키기 위해서는 일상의 길이 이상으로 근육을 스트레치 시켜야 한다.

☞ 유연성을 계속적으로 향상시키기 위해서는 점차 운동의 강도와 시간을 증가시켜야 한다.

① 라운드 전 준비운동 소개

⊙ 무릎 굽힌 반달자세

이 동작은 골반 부를 잡아서 하체와 상체를 고르게 힘을 쓰게 하고 옆구리를 늘려줘 긴장감 해소와 함께 호르몬의 균형을 잡아주는 데 효과적이다.

그림 4-1. 무릎 굽힌 반달 자세

표 4-1. 무릎 굽힌 반달 운동방법

운동방법
1. 무릎을 꿇고 엉덩이를 들어 올려 선다.
2. 척추를 바르게 세워 호흡한다.
3. 왼쪽 팔을 하늘로 뻗은 다음, 들이 마시고 내쉬는 숨에 골반은 왼쪽으로, 상체는 오른쪽으로 기울인다.
4. 5~7회 동작을 반복 후 제자리로 돌아온다.
5. 반대로 바꾸어 같은 방법으로 진행한다.

⊙ 다리 벌려 상체 숙이기

이 동작은 전신의 순환을 원활하게 도와주며 다리 뒤 근육을 스트레칭 시켜줘 한결 몸을 가볍게 만들어준다.

그림 4-2. 다리 벌려 상체 숙이기 자세

표 4-2. 다리 벌려 상체 숙이기 운동방법

운동방법
1. 양발을 어깨너비 두 배로 벌리고 발뒤꿈치를 밖으로 뺀다. 2. 양팔을 어깨높이에서 옆으로 뻗어 들이마시고 내쉬는 숨에 천천히 상체를 숙인다. 3. 유연성에 따라서 양손으로 종아리나 발목 또는 발뒤꿈치를 감싸고 등은 곧게 뻗으면서 호흡을 유지한다. 4. 5~7회 호흡 후 제자리로 돌아온다.

⊙ 런지 자세

이 동작은 골반 부를 자극해 하체 순환을 원활하게 만들어 주며 치우친 골반을 잡아 주는 데 좋다

그림 4-3. 런지 자세

표 4-3. 런지 운동방법

운동방법
1. 양손 사이에 오른쪽 발을 두고 왼쪽다리는 뒤로 쭉 뻗는다. 2. 이때 골반은 지긋이 앞으로 밀어주고 상체는 꼿꼿이 세운다. 3. 호흡을 반복하면서 자세를 유지하되 이때 어깨는 가슴보다 뒤에 위치하고 아래로 떨어뜨린다. 4. 자세를 유지해 5~7회 호흡 한다. 5. 반대쪽도 같은 방법으로 하면 된다.

⊙ 손목 당기기

이 동작은 긴장된 목과 어깨주변을 스트레칭 시켜주어 피로감을 덜어 준다.

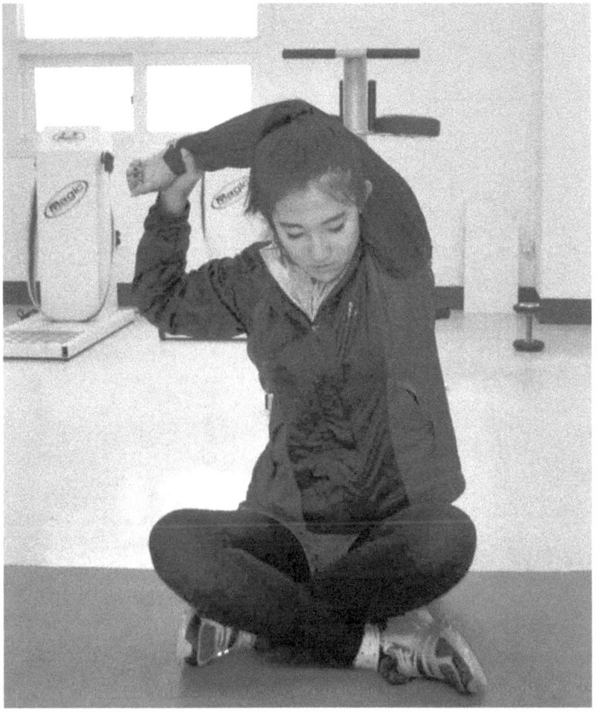

그림 4-4. 손목 당기기 자세

표 4-4. 손목 당기기 운동방법

운동방법
1. 바르게 앉아 척추를 곧게 세우고 들이마시는 숨에 오른쪽 팔을 하늘로 향해 뻗고 내쉬는 숨에 오른쪽 팔꿈치를 굽혀 머리를 감싼다. 2. 호흡을 하면서 왼쪽 손으로 오른쪽손목을 잡아 지긋이 당긴다. 3. 호흡과 함께 천천히 고개를 숙여준다. 4. 5~7회 호흡 후, 반대쪽도 같은 방법으로 진행한다.

⊙ 누워서 트위스트

이 동작은 척추의 배열을 맞추고 긴장된 등과 엉덩이 근육을 풀어주는데 도움이 된다.

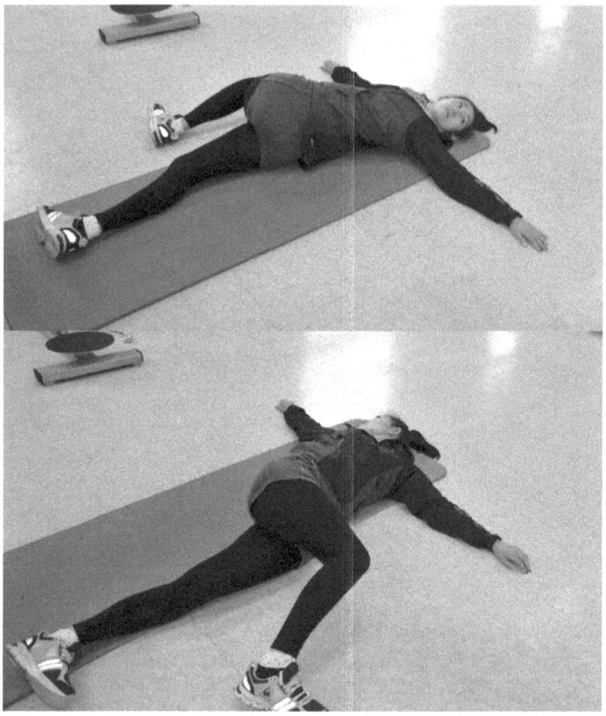

그림 4-5. 누워서 트위스트 자세

표 4-5. 누워서 트위스트 운동방법

운동방법
1. 바르게 누워서 양팔은 어깨 높이, 양 옆으로 뻗는다. 2. 양다리를 모은 뒤 왼쪽 무릎을 접어 발을 오른쪽다리 위에 얹어 오른쪽 바닥으로 왼쪽다리를 틀어준다. 3. 들이마시고 내쉬는 숨에 고개는 돌린다. 이때 가슴과 등은 바닥에 최대한 붙이도록 한다. 4. 7회 호흡 후, 반대쪽도 같은 방법으로 진행한다.

② 라운드 후 준비운동 소개

⊙ 낙타변형 자세

이 동작은 골반의 균형을 잡아주며 하체의 혈액순환을 원활하게 해주는 운동방법이다.

그림 4-6. 낙타변형 자세

표 4-6. 낙타변형 운동방법

운동방법
1. 자리에 앉아 오른쪽 다리는 접어 발끝은 바깥쪽으로 향하도록 하고, 왼쪽 발은 오른쪽 무릎 가까이에 내려놓아 'ㄱ자'로 만든다. 2. 양손은 어깨 아래 바닥을 짚고 손가락은 바깥쪽으로 향한다. 3. 숨을 천천히 마시면서 골반과 가슴을 위로 올리고 고개는 뒤로 젖혀 한곳을 바라보며, 깊은 호흡을 5회 반복하며 자세를 유지한 뒤, 제자리로 돌아올 때는 엉덩이부터 상체, 목 순서로 돌아온다. 4. 반대쪽도 같은 방법으로 진행한다.

⊙ 깍지 껴서 상체 숙이기

이 동작은 어깨와 등의 피로를 풀어주고, 머리 쪽으로 신선한 산소를 공급해 머리를 맑아지게 하는 데 도움이 된다.

그림 4-7. 깍지 껴서 상체 숙이기 자세

표 4-7. 깍지 껴서 상체 숙이기 운동방법

운동방법
1. 양발을 어깨너비로 벌리고 선다. 2. 양손은 등 뒤에서 깍지를 끼고 숨을 들이마시면서 가슴을 세우고 내쉬면서 상체를 숙인다. 3. 목의 긴장을 풀기 위해 어깨는 귀와 멀리 떨어지도록 한다. 4. 이때 시선은 한 곳을 바라보면서 호흡을 계속한다. 5. 호흡을 깊게 7회 정도 반복한 뒤 선 상태로 돌아오며, 눈은 감지 않고 호흡을 정리한다.

⊙ 다리 벌려 상체 비틀기

이 동작은 서혜부(아랫배와 허벅지 사이의 움푹 들어간 곳)를 자극해 피로를 풀어주고 장시간 동안 균형이 깨져 있던 상체를 비트는 동작을 통해 밸런스를 잡아준다.

그림 4-8. 다리 벌려 상체 비틀기 자세

표 4-8. 다리 벌려 상체 비틀기 운동방법

운동방법
1. 양발을 어깨 두 배 너비로 벌린 뒤 양발 끝은 바깥쪽으로 향하도록 한다. 2. 엉덩이를 뒤로 빼는 동시에 무릎을 구부리며 양손은 무릎 위 허벅지를 짚고 숨을 마시고 내쉬면서 오른쪽으로 상체를 돌린다. 3. 이때 가슴이 앞쪽으로 쏠리지 않도록 하며 상체를 돌리며 오른쪽 팔꿈치는 가볍게 구부리고, 왼쪽 팔은 쭉 뻗으며 호흡과 함께 왼쪽 허벅지 안쪽을 지긋이 민다. 4. 이때 회전 방향으로 고개를 돌리되 턱은 어깨를 향하고 시선은 한곳을 바라보며 호흡은 깊게 5회 정도 반복한다.

⊙ 서서 다리 스트레칭

이 동작은 골반의 피로감을 덜어주고 허벅지 안쪽을 스트레칭 시켜준다.

그림 4-9. 서서 다리 스트레칭 자세

표 4-9. 서서 다리 스트레칭 운동방법.

운동방법
1. 양발을 어깨 두 배 너비로 벌리고 선 다음 오른쪽 발 앞꿈치는 안쪽으로, 왼쪽 발 앞꿈치는 바깥쪽으로 향하도록 하고 상체를 왼쪽으로 돌린 뒤, 내쉬는 숨에 숙인다. 2. 가능한 만큼 상체를 숙여 손을 짚거나 손끝으로 바닥을 집으며, 이때 골반이 틀어지지 않도록 오른쪽 골반을 앞쪽으로 당겨주고 깊게 호흡한다. 3. 유연성이 부족한 사람은 등이 굽어질 만큼 아래로 내려가지 않아도 된다. 4. 깊은 호흡을 5~7회 반복한 뒤 제자리로 돌아온 뒤 반대쪽도 같은 방법으로 실시한다.

Chapter 5.
스윙밸런스 향상을 위한 트레이닝

Chapter 5.
스윙밸런스 향상을 위한 트레이닝

1. 스윙밸런스 향상을 위한 트레이닝의 필요성

1) 스윙밸런스의 중요성

골프의 스윙은 하체의 무게중심 이동과 상체의 스윙 동작 간의 협응력이 중요하다.
이러한 복합적인 동작을 수행하기 위해서는 근력, 근지구력, 유연성뿐만 아니라 신체의 균형과 안정성을 유지하는 능력, 즉 스윙밸런스(평형성)가 탁월해야 한다.

스윙밸런스는 현재의 공감각적 상태 등을 감지하는 인체의 평형감각 기관에 의해 발휘된다.

스윙밸런스는 정적인 평형성과 동적인 평형성이 있는데, 정적인 평형성은 직립을 유지하는 능력을 의미하며, 동적인 평형성은 움직임 중 자세를 유지하거나, 넘어지지 않는 등의 능력을 의미한다(송원익, 문창일 역, 2011).

① 동적인(다이내믹) 밸런스

☞ 신체의 균형능력

☞ 스윙을 하는 동안 몸의 균형을 유지

⊙ 자세(Posture)와 다이내믹 밸런스

사람은 누구나 자신에게 가장 편한 자세가 있으며 자세가 무너지면 다이내믹 밸런스도 같이 무너진다.

그 이유는 머리나 몸의 움직임이 좌, 우, 아래, 위로 많이 움직이게 되면 임팩트 때 공을 정확하게 맞출 확률이 그만큼 떨어진다.

⊙ 하체와 다이내믹 밸런스

골프스윙에서 하체는 몸의 균형을 탄탄히 받쳐 주는 역할을 하며, 몸의 균형이 깨지면 이 역시 임팩트 때 공을 정확하게 맞출 확률이 그만큼 떨어진다.

2) 스윙밸런스 향상을 위한 트레이닝 소개

http://restlesslikeme.com/wp-content/uploads/2009/03/elephant-balance.jpg

골프는 회전운동이라고 이야기를 한다. 이는 우리 몸이 대부분의 관절에서 일어나는 운동의 복합적인 원리가 적용이 되며, 근육과 인대의 상호 연관성이 중요하게 작용하기 때문이다.

골프에서 필요한 유연성은 단순한 근육 길이의 수치적인 정도가 아닌 얼마나 상호 협력적인 작용을 하는 가가 더 중요한 부분이며, 이러한 복합적인 동작을 수행하기 위해서는 유연성뿐만 아니라 신체의 균형과 안정성을 유지하는 능력, 즉 스윙밸런스(평형성)가 탁월해야 한다.

균형(Balance)이란 지지기반위에서 무게중심을 유지하기 위해 체내에서 일어나는 일련의 과정을 말하는 일반 용어이다.

균형을 유지하는 능력은 신체가 감각정보를 해석하여 그것을 근육과 관절에 빠르고 효과적으로 전달하는 능력에 달려있다(크레이그 데이비스, 빈스 디사이아 역, 2010).

골프스윙에서는 체중이동, 회전과 에너지 전달하는 움직임 때문에 몸의 밸런스를 잡는 능력이 매우 중요하며, 골프스윙은 매우 빠르게 움직이기에 반복할 수 있고 부드러우며 기능적인 스윙을 발전시키기 위해서는 균형과 고유수용감각이 높은 수준에서 작용해야 한다.

이번에 소개할 내용은 신체의 균형 및 고유수용감각계를 훈련시키는 최선의 스윙밸런스(평형성) 향상을 위한 트레이닝방법들을 소개하고자 한다.

① 상체기능 밸런스 향상을 위한 트레이닝 방법소개

⊙ 원-레그 에어플레인(One-Leg Airplane)

이 운동은 가동성과 균형을 동시에 훈련시키는 운동이며, 이러한 훈련은 골퍼들로 하여금 발을 지면에 고정시키면서 엉덩이만을 회전시키는 데 익숙하게 도움을 준다.

그림 5-1. 원-레그 에어프레인 자세

표 5-1. 원-레그 에어플레인 운동방법

관련근육	운동방법
• 족부내재근 • 전경골근 • 장비골근 • 단비골근 • 후경골근 • 중둔근	1. 왼쪽 다리를 지면에서 떼어 뒤로 둔 자세로 오른쪽 다리를 선다. 2. 양팔을 T자 형태로 펴고 어드레스하는 것처럼 허리를 구부린다. 3. 오른쪽 발, 무릎과 엉덩이를 서로 나란히 한 자세로 몸통을 먼저 왼쪽에서 오른쪽으로 회전 시킨다. 4. 양팔의 T자를 유지하고 몸통을 회전시킨다. 5. 15회 반복 후 반대쪽 다리로 반복한다.

⊙ 모디파이드 핸드-투-토우 포즈(Modified Hand-to-Toe Pose)

이 운동은 다리를 올려 쭉 뻗은 상태에서 손으로 발가락을 잡는 자세로서, 지지하는 다리의 근력을 강화하며, 들려진 다리의 둔부와 내측 대퇴를 신전시킨다.

그림 5-2. 모디파이드 핸드-투-토우 포즈 자세

표 5-2. 모디파이드 핸드-투-토우 포즈 운동방법

관련근육	운동방법
• 족부내재근 • 장비골근 • 단비골근 • 후경골근 • 중둔근 • 대둔근 • 대요근	1. 다리를 모으고 왼쪽 손을 하늘로 뻗은 자세로 선다. 2. 오른쪽 무릎을 들고 오른쪽 손을 대퇴 바깥쪽 밑으로 넣는다. 3. 높게 서서 무릎을 엉덩이 높이까지 당기고 원하는 횟수만큼 호흡을 한다. 4. 다리를 측면으로 이동시키고 거기서 멈춰 원하는 횟수만큼 호흡한다. 5. 반대쪽 다리로 바꿔 반복한다.

⊙ 싱글-레그 캐치(Single-Leg Catch)

싱글-레그 캐치 운동은 상체에서 힘이 생성되는 동안 다리가 효율적으로 균형을 잡는 방법을 배우도록 도와주는 트레이닝이다.

그림 5-3. 싱글-레그 캐치 자세

표 5-3. 싱글-레그 캐치 운동방법

관련근육	운동방법
• 전경골근 • 후경골근 • 장비골근 • 단비골근 • 중둔근 • 외복사근 • 내복사근 • 대둔근 • 대흉근	1. 발가락을 앞으로 향하게 한 자세로 왼쪽 다리로 선다. 2. 오른쪽 무릎은 구부려서 지면에서 뗀다. 3. 양손으로 메디신 볼을 잡고 가슴 앞에 둔다. 4. 똑바로 선 자세를 유지하면서 파트너에게 가슴 패스를 한다. 5. 왼쪽 엉덩이와 무릎을 약간 굽힌 운동 자세를 유지하면서 양손으로 리턴 패스를 주고받는다. 6. 원하는 횟수만큼 반복하고 반대쪽 다리로 반복한다.

⊙ 스토크 턴(Stork Turn)

이 운동은 골반의 움직임 및 골반과 몸통의 분리를 지속적으로 발전시키고 동시에 균형까지 훈련시킨다.

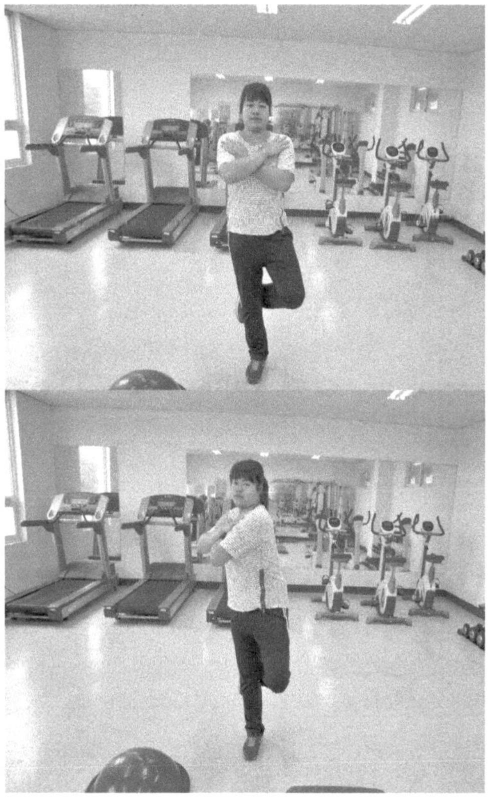

그림 5-4. 스토그 턴 자세

표 5-4. 스토그 턴 운동방법

관련근육	운동방법
• 장비골근 • 단비골근 • 중둔근 • 소둔근 • 전경골근 • 후경골근 • 이상근	1. 오른쪽 다리로 서서 무릎을 약간 굽히고 왼쪽 발을 오른쪽 무릎위에 고정한다. 2. 골프 어드레스 자세를 취해 양팔을 가슴 위에서 교차시킨다. 3. 상체를 골반과 나란히 하도록 하고 골반을 좌우로 회전시킨다. 4. 반대쪽 다리로 반복한다.

⊙ 스토크 투 바우(Stork to Bow)

이 운동은 균형, 유연성과 안정성의 향상을 돕고 코스에서 어렵게 볼이 놓인 상황에서 균형을 더 쉽게 잡는데 도움을 준다.

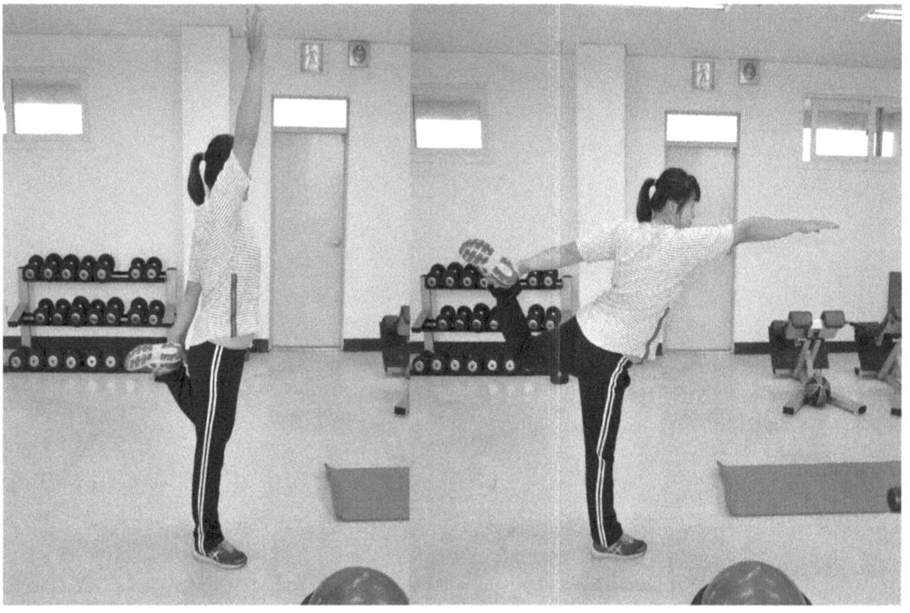

그림 5-5. 스토크 투 바우 자세

표 5-5. 스토크 투 바우 운동방법

관련근육	운동방법
• 장비골근 • 단비골근 • 족부내재근 • 전경골근 • 햄스트링 • 중둔근 • 외복사근 • 내복사근 • 복직근 • 대퇴사두근	1. 다리를 모은 자세로 선다. 2. 왼쪽 무릎을 구부리고 왼쪽 손으로 왼쪽 발목을 잡는다. 3. 오른쪽 팔을 천장 방향으로 올린자세가 스토크 자세이다. 4. 몸통이 바닥과 평행할 때까지 몸을 앞으로 구부린다(바우 자세). 5. 시작자세에서 스토크 투 바우 자세를 취한 상태로 멈춰 호흡을 5회한다. 6. 반복 호흡이 끝난 후 반대쪽 다리로 변경한다.

⊙ 보수 볼 위 닐링 메디신 볼 토스(Kneeling Medicine Ball Toss on the BOSU)

이 운동은 균형, 유연성과 안정성의 향상을 돕고 코스에서 어렵게 볼이 놓여 진 상황에서 균형을 더 쉽게 잡는데 도움을 준다.

그림 5-6. 보수 볼 위 닐링 메디신 볼 토스 자세

표 5-6. 보수 볼 위 닐링 메디신 볼 토스 운동방법

관련근육	운동방법
• 고관절 내전근 • 대요근 • 대둔근 • 햄스트링 • 대흉근 • 전삼각근 • 삼두근 • 복직근 • 외복사근 • 내복사근	1. 보수 볼 위에 무릎을 꿇고 선다. 2. 양발을 바닥에서 떼고 보수 볼 위에서 중심을 잡는다. 3. 가슴 높이에서 팔꿈치를 구부린 자세로 메디신 볼을 잡는다. 4. 앞에 서있는 파트너에게 메디신 볼을 던진다. 5. 볼을 받아 반복한다.

⊙ 터그 오브 워(Tug of War)

이 운동은 균형을 향상시키고 동시에 다리의 근력을 증가시키는데 도움을 준다.

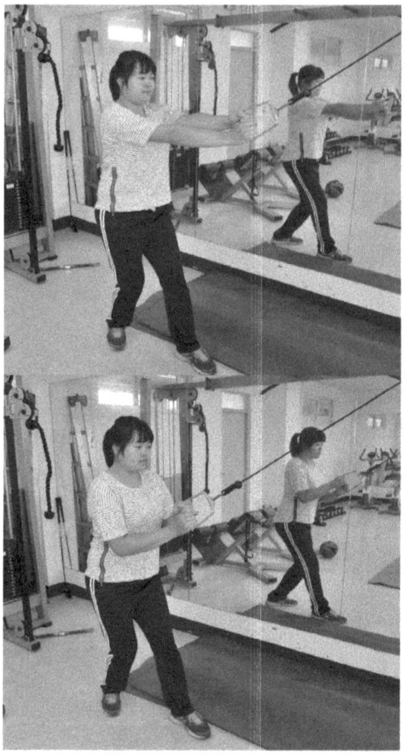

그림 5-7. 터그 오브 워 자세

표 5-7. 터그 오브 워 운동방법

관련근육	운동방법
• 족부 내재근 • 대퇴사두근 • 대둔근 • 내복사근 • 외복사근 • 전경골근 • 중둔근 • 비복근	1. 한쪽 다리로 서고 한 손이나 두 손으로 튜빙 손잡이를 잡는다. 2. 파트너가 다른 쪽 손잡이를 잡고 한쪽 다리로 서있는 당신을 끌어당기게 한다. 3. 원하는 횟수만큼 반복하고 반대쪽 다리로 변경해서 진행한다.

⊙ 니업 리버스 런지(Knee-Up Reverse Lunge)

이 운동은 조금 더 파워를 요하는 샷에 필요한 근력, 균형과 근육 제어에 도움을 준다.

그림 5-8. 니업 리버스 런지 자세

표 5-8. 니업 리버스 런지 운동방법

관련근육	운동방법
• 대둔근 • 대퇴사두근 • 고관절 내전근 • 햄스트링 • 전경골근 • 후경골근 • 장비골근 • 단비골근	1. 왼쪽 무릎을 구부리고 왼쪽 대퇴가 지면과 평행하게 하고 오른쪽 다리로 선다. 2. 왼쪽 다리를 몸 뒤쪽으로 쭉 뻗어 발을 지면에 댄다. 3. 왼쪽 무릎을 아래로 쭉 내려 간신히 지면에 닿도록 한다. 4. 오른쪽 발뒤꿈치로 밀어 시작 자세로 되돌아간다. 5. 원하는 횟수만큼 반복하고 반대쪽 다리로 변경하여 반복한다.

② 하체기능 밸런스 향상을 위한 트레이닝 방법소개

⊙ 파티얼 스쿼트 위드 클럽(Partial Squat with Club)

이 운동은 골프스윙의 회전 장력에 최대치로 함축시킬 수 있는 안정된 하체의 지지기반에 도움을 준다.

그림 5-9. 파티얼 스쿼트 위드 클럽 자세

표 5-9. 파티얼 스쿼트 위드 클럽 운동방법

운동방법
1. 스탠스 폭은 골프 스탠스와 같이 어깨너비로 서고 무릎은 약간 구부린다. 2. 골프채를 수평하게 들고 서서 팔을 머리 위치보다 위로 들고 시작한다. 3. 어깨에 긴장을 풀고 시선은 정면을 본다. 4. 호흡은 들이 마신 상태에서 팔과 다리를 구부리고, 내쉬면서 올라온다. 5. 세트 당 10회 진행하고 2~3 세트로 마무리한다.

⊙ 파티얼 스쿼트 위드 클럽 온 더 보수(Partial Squat with Club on the BOSU)

이 운동은 파티얼 스쿼트의 응용동작으로 보수 위에서 골프스윙의 회전 장력에 최대치로 함축시킬 수 있는 안정된 하체의 지지기반에 도움을 준다.

그림 5-10. 파티얼 스쿼트 위드 클럽 온 더 보수 자세

표 5-10. 파티얼 스쿼트 위드 클럽 온 더 보수 운동방법

운동방법
1. 보수위에 올라가서 중심을 잡는다.
2. 스탠스 폭은 골프 스탠스와 같이 어깨너비로 서고 무릎은 약간 구부린다.
3. 골프채를 수평하게 들고 서서 팔을 머리 위치보다 위로 들고 시작한다.
4. 어깨에 긴장을 풀고 시선은 정면을 본다.
5. 호흡은 들이 마신상태에서 팔과 다리를 구부리고, 내쉬면서 올라온다.
6. 세트 당 10회 진행하고 2~3 세트로 마무리한다.

⊙ 싱글 레그 스쿼트 위드 클럽(Single leg squat with Club)

이 운동은 싱글 레그 스쿼트 위드 클럽 동작으로 안정된 골프스윙의 회전력과 하체의 지지기반에 도움을 준다.

그림 5-11. 싱글 레그 스쿼트 위드 클럽 자세

표 5-11. 싱글 레그 스쿼트 위드 클럽 운동방법

운동방법
1. 골프스탠스에서 한 다리만 들어주고 무릎은 약간 구부린다. 2. 팔은 어깨너비 정도로 벌려 클럽을 잡고 정면 45도 각도로 팔을 뻗어 든다. 3. 호흡은 구부릴 때 내쉬고 올라올 때 마신다. 4. 세트 당 5~10회 진행하고 2~3세트로 마무리한다.

⊙ 힐 라이즈 업 위드 클럽 온 더 보수(Heel rise up with club on the BOSU)

이 운동은 싱글 힐 라이즈 업 위드 클럽 동작으로 스윙 중에 하체의 흔들림이 심하고 발목의 흔들림이 있는 골퍼들에게 안정된 골프스윙의 회전력과 하체의 지지기반에 도움을 준다.

그림 5-12. 힐 라이즈 업 위드 클럽 온 더 보수 자세

표 5-12. 힐 라이즈 업 위드 클럽 온 더 보수 운동방법

운동방법
1. 보수 위에서 골프스탠스 자세를 취하고 가슴을 핀 상태에서 전방을 직시한다. 2. 골반과 척추는 중립이고 상체는 바로 세우며 양손으로 클럽을 어깨 폭으로 잡고 전방에 팔을 뻗는다. 3. 무릎을 90도 정도 구부리며 호흡은 내신다. 4. 무릎을 다시 펴주고 팔은 위로 쭉 뻗으면서 호흡을 마신다. 5. 처음에는 가볍게 들어올리기를 반복하면서 종아리가 아플 때까지 해준다. 6. 세트 당 10~15개 반복 후 총 3세트를 진행한다.

⊙ 힙 롤 온 더 보수(Hip roll on the BOSU)

이 운동은 상체와 하체의 연결 교량 역할을 하는 골반의 균형을 스윙 중에도 일관성 있게 유지할 수 있도록 도와주며 힙 주변의 근육이 강화되고 엉덩이와 허벅지 근육이 활성화 된다.

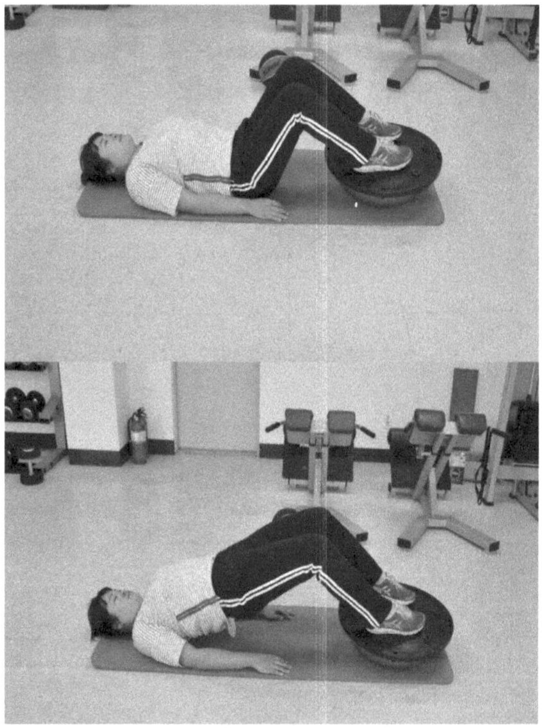

그림 5-13. 힙 롤 온 더 보수 자세

표 5-13. 힙 롤 온 더 보수 운동방법

운동방법
1. 바로 누워서 양 무릎을 구부리고 편안한 자세를 하고 보수를 반대로 한 상태로 두 다리를 올려놓는다. 2. 골반은 척추를 중립, 양발은 골반 폭으로 벌리고 양팔은 골반 옆에 손바닥이 위로 향하게 둔다. 3. 호흡은 마시면서 척추를 쭉 늘려준다. 4. 내쉬면서 꼬리뼈부터 순차적으로 관절을 움직여 엉덩이가 매트 위에서 올라가게 한다.

③ 하체기능 밸런스 향상 트레이닝 방법소개

⊙ 브레스트 스트로크-핸드 바이 숄더(Breast Stroke-Hand by shoulder)

이 운동은 골프에서 흉추와 목의 곡선이 일직선 될 수 있도록 도움을 주고 회전에 있어서 안정감을 얻게 해주는 운동이다.

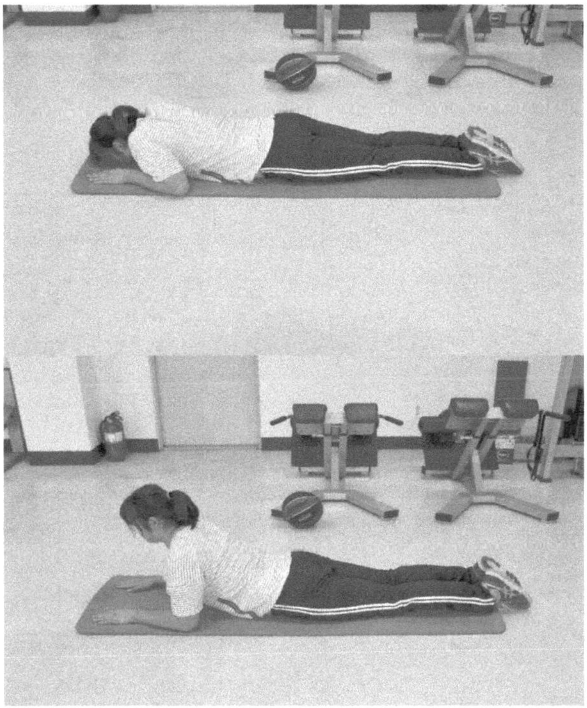

그림 5-14. 브레스트 스트로크-핸드 바이 숄더 자세

표 5-14. 브레스트 스트로크-핸드 바이 숄더 운동방법

운동방법
1. 양팔을 가슴 옆에 대고 엎드린 상태에서 이마는 바닥에 댄다. 2. 척추와 골반은 중립된 상태로 유지한다. 3. 발목은 골반 너비로 벌린 상태로 편하게 둔다. 4. 호흡을 들이마시고 내쉬면서 목과 흉추를 일직선으로 유지한 상태로 들어준다. 5. 호흡을 다시 마시면서 유지하고 내쉬면서 상체를 내린다. 6. 횟수는 3~5회 진행한다.

⊙ 브레스트 스트로크-핸드 바이 힙(Breast Stroke-Hand by hips)

핸드 바이 힙은 견갑골과 내전근에 도움을 주는 운동으로 골프회전에 있어서 몸의 중심을 잡는데 있어 안정감을 얻게 해주는 운동이다.

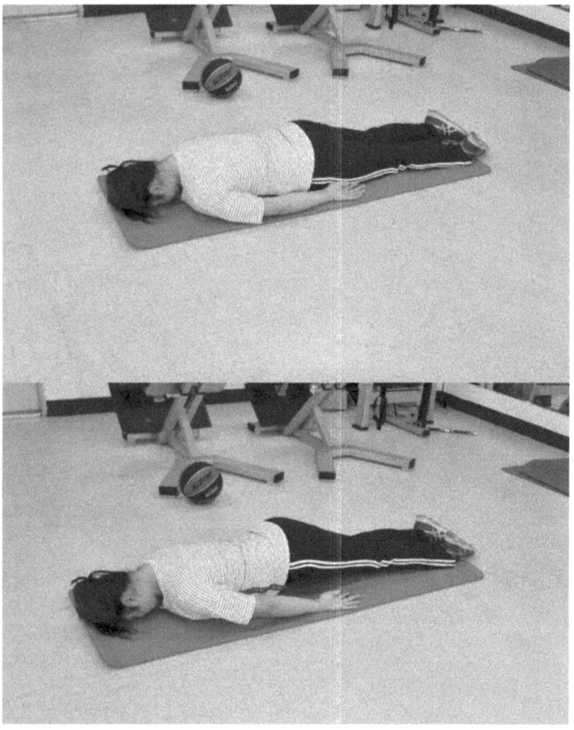

그림 5-15. 브레스트 스트로크-핸드 바이 힙 자세

표 5-15. 브레스트 스트로크-핸드 바이 힙 운동방법

운동방법
1. 엎드린 상태에서 양팔은 골반 옆에 대고 이마는 바닥에 대고 시작한다. 2. 척추와 골반은 중립 상태를 유지한다. 3. 발목은 골반 너비로 벌린 상태로 편하게 둔다. 4. 호흡은 들이마시고 내쉬면서 가슴을 약간 오픈하면서 상체를 매트위로 올린다. 5. 다시 마시면서 상체를 길게 늘어드리는 느낌으로 약간 올려주고 내쉬면서 그대로 내려준다. 6. 횟수는 3~5회 진행한다.

⊙ 에이 비 프렙 위드 클럽(AB prep with Club)

에이 비 프렙 위드 클럽 운동은 흉추와 경추의 일직선을 유지시켜들어 올리는 동작으로 골반이 중립을 지킬 때 흉추와 경추의 순차적인 움직임을 만들 수 있도록 해주는 운동이다.

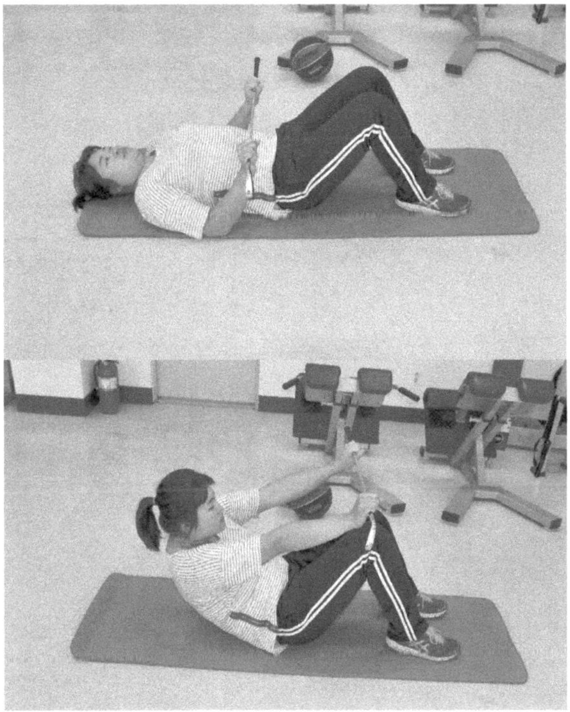

그림 5-16. 에이 비 프렙 위드 클럽 자세

표 5-16. 에이 비 프렙 위드 클럽 운동방법

운동방법
1. 누워서 다리를 구부리고 척추는 중립상태를 취한다. 2. 견갑골은 안정적으로 바닥에 위치한다. 3. 양손으로 클럽을 잡고 클럽을 배위에 놓는다. 4. 호흡은 내쉬면서 골반과 척추의 상태를 유지하면서 머리를 들어주며 이때 팔은 클럽을 수평을 유지한다. 5. 횟수는 3~5회 진행한다.

⊙ 업라이트 로우 위드 클럽(Upright row with club)

업라이트 로우 위드 클럽 운동은 팔이 움직일 때 견갑골의 안정성과 척추의 중립을 지켜야 하는 운동으로 복부와 하체에 힘을 주어 척추의 흔들림을 안정화 시키는 운동이다.

그림 5-17. 업라이트 로우 위드 클럽 자세

표 5-17. 업라이트 로우 위드 클럽 운동방법

운동방법
1. 골프스탠스 자세를 취하고 양팔은 어깨너비로 클럽을 잡고 축 늘어 틀어 놓는다. 2. 시선은 전 하방 45도를 보면서 견갑골의 안정성에 집중한다. 3. 호흡은 내쉬면서 어깨 높이를 유지하면서 클럽을 들어 올려준다. 4. 다시 마시면서 원래 위치에 내려놓는다. 5. 횟수는 8~10회 진행한다.

⊙ 래트럴 레이즈 위드 클럽(Lateral raise with club)

래트럴 레이즈 위드 클럽 운동은 백스윙 탑에서 흉각이 벌어지지 않도록 하고, 다운스윙 시 파워를 얻어내기 위해 팔의 움직임을 느끼도록 하는 운동 방법이다.

그림 5-18. 래트럴 레이즈 위드 클럽 자세

표 5-18. 래트럴 레이즈 위드 클럽 운동방법

운동방법
1. 골프스탠스 자세를 취하고 왼쪽 팔에 클럽을 쥐고 시작한다. 2. 견갑골은 안정적으로 지지한다. 3. 척추와 골반은 움직이지 않고 중립 상태로 유지한다. 4. 호흡은 내쉬면서 팔을 옆으로 올려주고, 마시면서 원래 제자리 상태로 내려온다. 5. 횟수는 5~8회 진행하고 반대쪽 팔로 변경하여 진행한다.

⊙ 로테이션 플랭크 위드 클럽(Rotation Plank with club)

로테이션 플랭크 위드 클럽 운동은 팔이 움직이는 동안 척추 곡선을 유지하기 위한 근력 강화 운동이며, 복부와 코어와 어깨의 안정적인 상태를 얻을 수 있는 운동 방법이다.

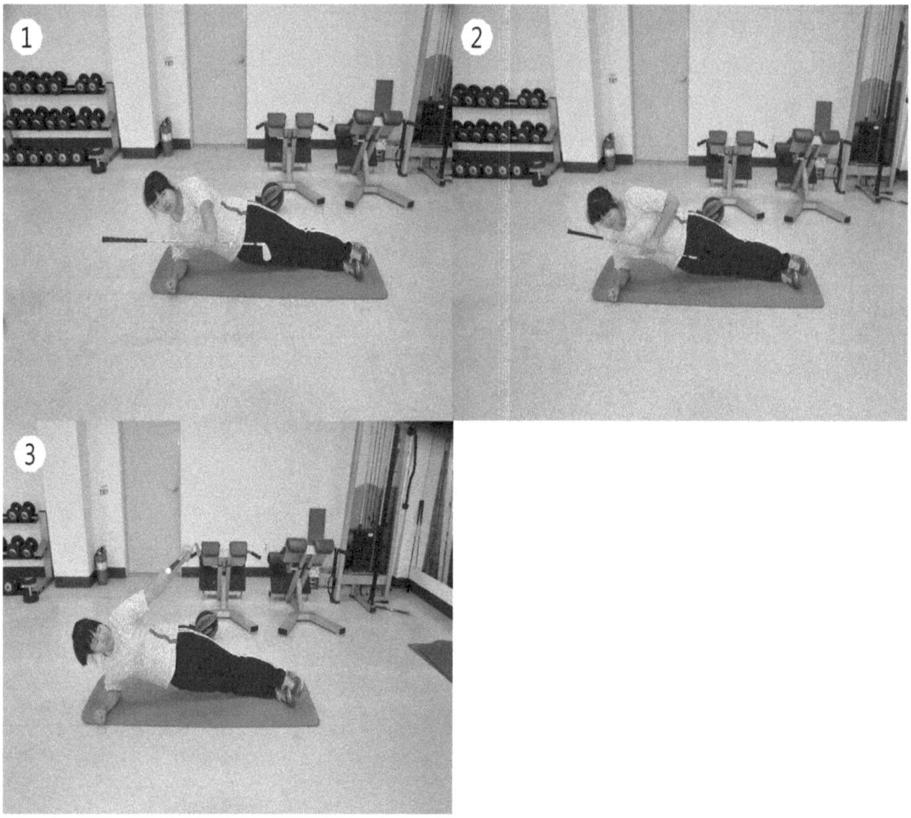

그림 5-19. 로테이션 플랭크 위드 클럽 자세

표 5-19. 로테이션 플랭크 위드 클럽 운동방법

운동방법
1. 옆으로 누워서 한쪽 팔꿈치로 지지를 하고 다른 손은 클럽을 쥐고 팔을 뻗는다. 2. 골반과 척추는 중립을 유지한다. 3. 골반은 바닥을 대고 몸이 기울어지지 않도록 유지한다. 4. 양다리는 붙이고 시선은 정면을 향하도록 한다. 5. 호흡은 마시면서 골반과 몸통과 머리를 일직선상까지 올려서 유지한다. 6. 내쉬면서 클럽을 든 팔을 위로 올려준다. 7. 다시 마시면서 팔을 내려주고 원래 원위치 상태로 돌아온다. 8. 횟수는 3~5회 진행하고 팔의 위치를 변경하여 똑같은 방법으로 진행한다.

Chapter 6.
근력 및 근지구력 향상을 위한 트레이닝

Chapter 6.
근력 및 근지구력 향상을 위한 트레이닝

1. 근력 및 근지구력 향상을 위한 웨이트트레이닝

1) 근력 및 근지구력의 중요성

골프에서 비거리와 직접적으로 가장 큰 관련이 있는 것이 클럽의 스윙속도이다. 일반적으로 임팩트 시 클럽 헤드의 속도는 160km/h이상이고 다운스윙 시 속도를 내는 데 걸리는 시간은 약 0.3초이다.

다운스윙에서 필요한 총 파워는 최소 3마력이 요구되고, 이 파워는 근육에서 나온다(손재윤, 2008). 근 수축은 클럽 헤드 스피드를 증가시키는데 중요하며 근 수축 속도가 빠를수록 클럽스피드의 속도는 증가되며, 근 파워는 힘 × 수축 속도로 그 크기가 결정되며, 근육의 부하가 커지면 수축 속도는 느려지는 특성을 갖는다.

일반적으로 근력과 근지구력을 키우기 위해서 사용하는 방법에는 웨이트 트레이닝이 있는데, 웨이트 트레이닝은 골퍼의 피로도를 감안하여 큰 근육부터 시작하여 점차 작은 근육 순으로 진행한다.

또한 연속적으로 동일한 근육을 사용하는 동작은 가능한 한 지양하고 있다(송원익, 문창일 역, 2011).

웨이트 트레이닝의 강도 설정은 1RM(One Repetition Maximal)을 많이 사용한다.

⊙ 1RM 측정법 소개

☞ 직접 측정법

- 최초 4회 이상 들 수 있는 무게를 선정하여 든다.
- 5kg 단위로 1회씩 들면서 점차 부하를 높여나간다.
- 부하를 증가 시킬 때마다 충분한 휴식을 취한다.
- 측정 중 최대 한 번만을 들 수 있는 무게가 결정되면 이것을 1RM으로 한다.

☞ 간접 측정법

- 임의 무게를 선정하여 최대한 반복한다.
- 1RM = 임의 무게 + 들어 올린 무게
- 들어 올린 무게 = 임의 무게 × 반복 횟수

근력과 근지구력에 대한 적정 부하 선정에서 근력은 1RM~10RM 수준에서 실시하는 것이 효과적이며, 근지구력은 13RM~20RM 수준에서 실시하는 것이 효과적이다. 이는 최대근력의 100%~60% 범위를 이야기하며, 웨이트 트레이닝을 실시 할 때 호흡법은 부하를 들어 올리거나, 당길 때 호흡을 내쉬고, 원 위치시킬 때 들이마시는 것이 보통이다.

이번에 소개할 내용은 상·하체 근력 및 근지구력 향상을 위한 트레이닝방법들을 소개하고자 한다.

① 상체 근력 및 근지구력 향상을 위한 트레이닝 방법소개

⊙ 바벨 리스트 컬(Barbell Wirst Curl)

이 운동은 바벨을 이용하여 손목을 강화시키고 전완근 전체의 작은 근육들을 발달시켜 임팩트 힘을 더 증가 시켜주는 연습 방법이다.

그림 6-1. 바벨 리스트 컬 자세

표 6-1. 바벨 리스트 컬 운동방법

운동방법
1. 바벨을 어깨너비로 손바닥이 위를 향하게 하여 잡는다. 2. 손목을 아래로 이완시키면서 바벨을 내린다. 3. 손목을 위로 올려 바벨을 들어올린다. 4. 횟수는 8~10회 진행한다.
트레이닝 도구
● 바벨(barbell)

⊙ 덤벨 사이드 벤드(Dumbbell Side Bend)

이 운동은 덤벨을 이용하여 외복사근을 단련시켜 허리강화에 도움을 주는 운동 방법이다.

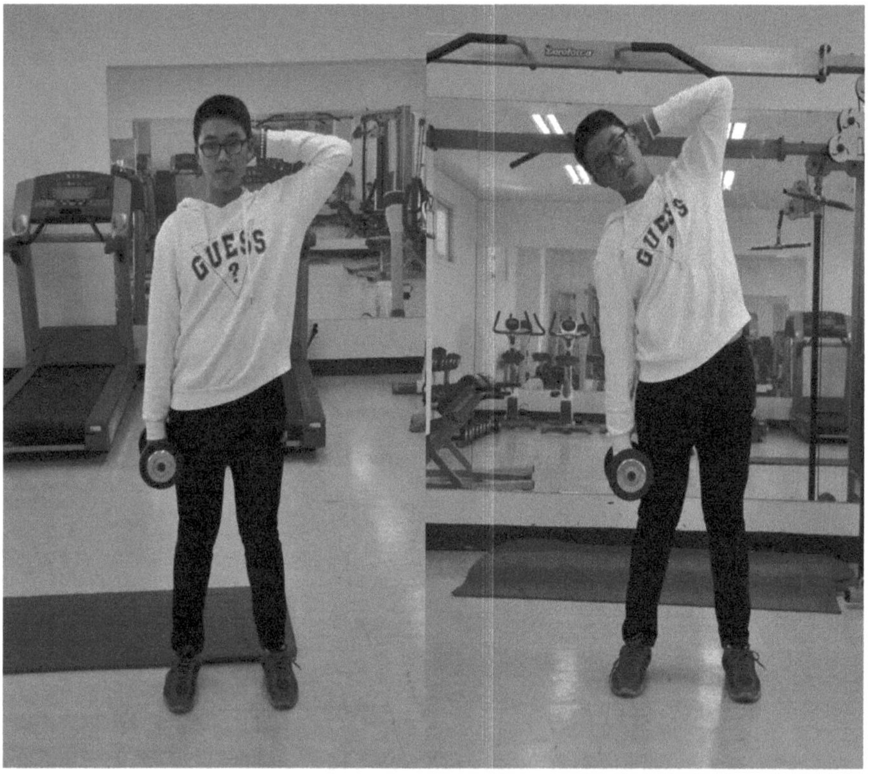

그림 6-2. 덤벨 사이드 벤드 자세

표 6-2. 덤벨 사이드 벤드 운동방법

운동방법	트레이닝 도구
1. 다리는 골반 너비로 서서 한 손은 덤벨을 들고 반대쪽 손은 머리 뒤에 댄다. 2. 덤벨을 든 쪽의 반대쪽 옆구리가 스트레칭 되도록 덤벨을 든 쪽으로 상체를 기울인다. 3. 덤벨을 든 쪽의 반대쪽 옆구리가 충분히 스트레칭 된 이후, 덤벨을 들어 올리고 처음 자세로 돌아온다. 4. 횟수는 8~10회 진행하고 반대 팔로 변경하여 진행한다.	● 덤벨(dumbbell)

⊙ 벤트-니 싯-업(Bent-Knee Sit-Up)

이 운동은 복근을 강화시키는 운동으로 스윙의 중심축과 스윙밸런스에 도움을 주는 운동방법이다.

그림 6-3. 벤트-니 싯-업 자세

표 6-3. 벤트-니 싯-업 운동방법

운동방법	트레이닝 도구
1. 무릎을 구부리고 발뒤꿈치를 엉덩이에 가까이 한다. 2. 양팔은 교차한 상태로 가슴이나 복부에 위치한다. 3. 매트에 발, 엉덩이, 허리를 평평하게 유지하면서 등이 매트에서 떨어질 때까지 몸통을 대퇴부에 댄다.	● 요가매트(Yoga mat)

⊙ 레그 풀-인(Leg Pull-In)

이 운동은 벤트-니 싯-업과 같이 복근을 강화시키는 운동으로 스윙의 중심축과 스윙밸런스에 도움을 주는 운동방법이다.

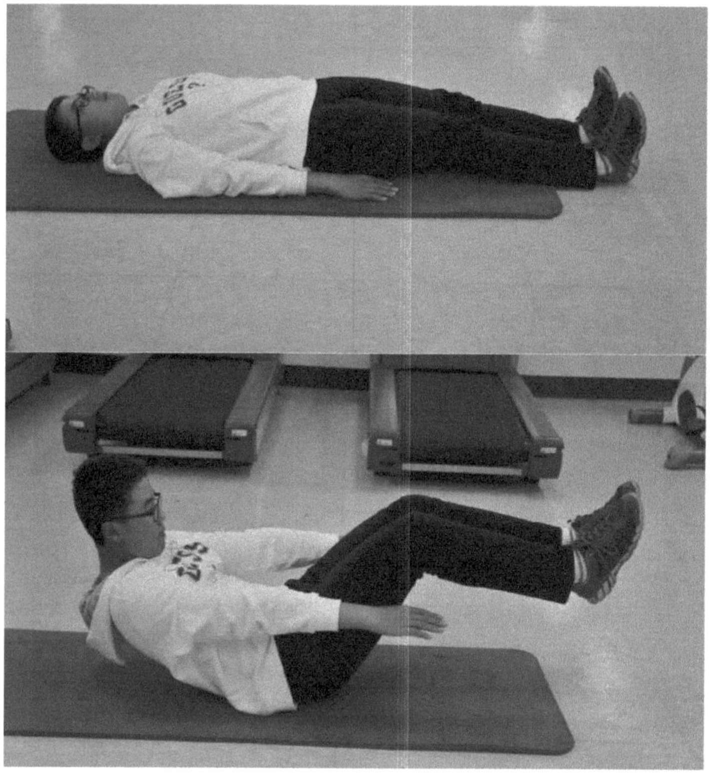

그림 6-4. 레그 풀-인 자세

표 6-4. 레그 풀-인 운동방법

운동방법	트레이닝 도구
1. 사지를 편 상태에서 편하게 눕는다. 2. 복부에 힘을 주어 몸통과 대퇴를 "V"자 모양으로 만들고, 팔과 하퇴는 지면과 가급적 수평이 되도록 한다.	● 요가매트(Yoga mat)

⊙ 리어 렛 풀-다운(Rear Lat Pull-Down)

이 운동은 등과, 팔, 어깨 근육을 강화시키고 상체 근력을 키우는데 도움을 주는 운동방법이다.

그림 6-5. 리어 렛 풀-다운 자세

표 6-5. 리어 렛 풀-다운 운동방법

운동방법	트레이닝 도구
1. 바를 잡고 앉아 몸통을 약간 앞으로 하고 곧게 편다. 2. 바를 잡고 고개를 앞으로 약간 숙인다. 3. 바를 잡고 승모근 쪽으로 당겨준다. 4. 횟수는 5~10회 진행한다.	● 바(bar)

⊙ 하이퍼-익스텐션(Hyper-Extension)

이 운동은 허리근력을 강화시키는 운동으로 상체와 하체의 협응력과 허리 부상에도 도움을 주는 운동 방법이다.

그림 6-6. 하이퍼-익스텐션 자세

표 6-6. 하이퍼-익스텐션 운동방법

운동방법	트레이닝 도구
1. 발을 고정하고, 골반이 패드 위에 닿게 하여 엎드린다. 2. 허리를 굽히고, 팔은 가슴 위에 모아 붙인다. 3. 상체가 지면과 수평이 되는 위치까지 몸통을 곧게 편 상태로 들어 올린 후, 잠시 정지한 뒤 천천히 원위치로 돌아간다. 4. 횟수는 8~10회 진행한다.	● 하이퍼 익스텐션 (Hyper-Extension)

⊙ 덤벨 킥 백(Dumbbell Kick Back)

이 운동은 팔 뒤쪽 운동으로 팔 앞쪽 이두근과 팔 뒤쪽 삼두근을 자극시켜 팔의 근력을 키우는데 도움을 주는 운동방법이다.

그림 6-7. 덤벨 킥 백 자세

표 6-7. 덤벨-킥 백 운동방법

운동방법	트레이닝 도구
1. 벤치에 왼쪽 무릎과 왼쪽 손을 대고 등을 곧게 펴고 지면과 수평이 되도록 엎드린다. 2. 오른쪽 무릎은 살짝 구부리며 오른쪽 손으로 덤벨을 잡고 이두근 안쪽을 옆구리에 고정시킨다. 3. 팔이 지면과 수평을 이룰 때까지 덤벨을 뒤로 들어 올린 후 잠시 정지한다. 4. 천천히 덤벨을 내리며 처음 자세로 돌아온다. 5. 횟수는 8~10회 진행하고 반대쪽 팔로 변경하여 진행한다.	● 벤치(bench) ● 덤벨(dumbbell)

⊙ 덤벨 업라이트 로잉(Dumbbell Upright Rowing)

이 운동은 복근과, 팔, 어깨 근육을 강화시키고 상체 근력과 근육을 키우는데 도움을 주는 정지동작 운동방법이다.

그림 6-8. 덤벨 업라이트 로잉 자세

표 6-8. 덤벨 업라이트 로잉 운동방법

운동방법	트레이닝 도구
1. 바를 어깨너비보다 약간 넓게 잡는다. 2. 바벨을 들어 가슴 중간에 위치하고, 수직으로 밀어 올렸다가 천천히 원위치 한다. 3. 횟수는 8~10회 진행한다.	● 덤벨(dumbbell)

② 하체 근력 및 근지구력 향상을 위한 트레이닝 방법소개

⊙ 스쿼트 온 더 보수(Squat on the BOSU)

이 운동은 보수 볼 위에서 스쿼트 동작을 진행하면서 하체 근력과 밸런스 향상을 키우는 운동방법이다.

그림 6-9. 스쿼트 온 더 보수 자세

표 6-9. 스쿼트 온 더 보수 운동방법

운동방법	트레이닝 도구
1. 보수를 뒤집어서 양발은 어깨너비로 서서 시선은 정면을 보고 양팔은 정면을 향해서 뻗는다. 2. 중심을 잘 잡고 무릎을 90도정도 구부린다. 3. 허벅지가 아플 때까지 기다리다가 다시 원위치로 돌아간다. 4. 횟수는 8~10회 진행한다.	● 보수 볼 (BOSU ball)

⊙ 스텝-업 위드 덤벨 온 더 보수(Step-Ups with Dumbbell)

이 운동은 스텝 바를 통해 하체근력을 강화시키는 운동이며 주요발달 시키는 근육은 대퇴사두근과 햄스트링을 강화 시키는 운동방법이다.

그림 6-10. 스텝-업 위드 덤벨 자세

표 6-10. 스텝-업 위드 덤벨 운동방법

운동방법	트레이닝 도구
1. 덤벨을 등 상부에 올리고 스텝 바 앞에 서서 한발을 올려놓는다. 2. 스텝 바에 올린 다리에 힘을 주어 반대쪽 다리를 올려 보수에 올라 선다. 3. 스텝 바에서 내려 갈 때는 나중에 올라온 다리를 먼저 내리고 나머지 한 발을 내린다. 4. 횟수는 8~10회 진행하고 반대쪽 다리로 변경하여 진행한다.	● 스텝 바(Step bar) ● 덤벨(dumbbell)

⊙ 라잉 사이드 레그 레이즈(Lying Side Leg Raise)

이 운동은 요가매트 위에 누어서 한쪽 다리를 반복적으로 들면서 고관절 부위근육과 엉덩이 근력향상을 키우는 운동방법이다.

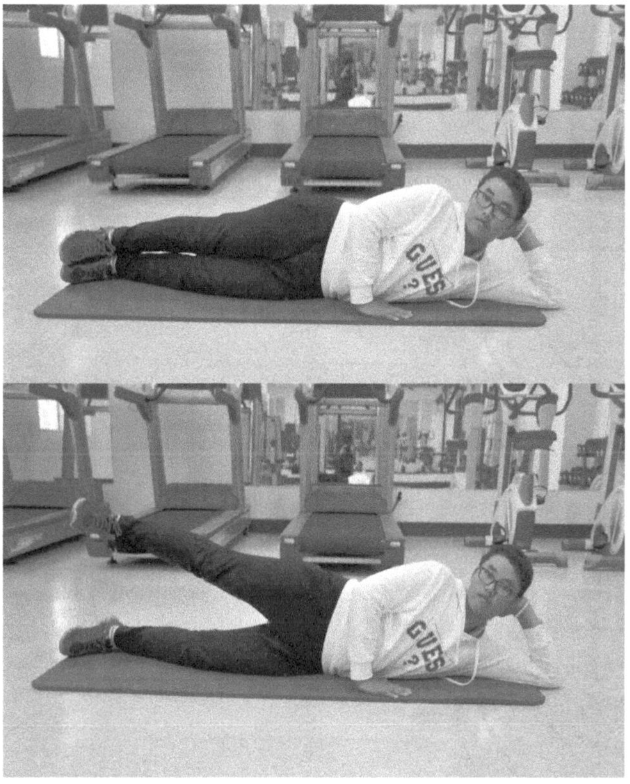

그림 6-11. 라잉 사이드 레그 레이즈 자세

표 6-11. 라잉 사이드 레그 레이즈 운동방법

운동방법	트레이닝 도구
1. 한 쪽으로 누워 양다리를 바로 뻗는다. 2. 상체는 위쪽에 위치한 손으로 안정감 있게 받친다. 3. 위쪽에 위치한 다리를 대퇴부터 발까지 일직선이 되도록 유지하면서 수직으로 올렸다가 잠시 정시하고, 원위치 시킨다. 4. 횟수는 12~15회 진행하고 반대쪽 다리로 변경하여 진행한다.	● 요가매트(Yoga mat)

Chapter 7.
세계 주요선수들의 드레이닝방법 소개

Chapter 7.
세계 주요선수들의 트레이닝방법 소개

1. 세계 주요선수들의 트레이닝방법 소개

1) PGA 투어 선수들의 주요 트레이닝 방법

골프 트레이닝은 1990대 후반 타이거우즈나 애니카 소렌스탐의 스타선수들의 등장과 함께 그들의 트레이닝 훈련방법이 소개되면서 스윙의 기술요인 이외에 다른 부분에서도 경기력 향상을 주고 있다는 것을 다른 선수들 또한 깨닫게 되었다(장훈석, 2008).

이러한 스타 선수들의 배출은 PGA, LPGA대회의 상금과 대회의 수는 급격하게 늘어나게 되었고, 많은 선수들이 기술적인 트레이닝 이외에 체력과 멘탈을 강화하기 노력하기 시작하였다.

2014년 현재에 와서는 프로뿐만 아니라 엘리트 선수들까지도 골프 경기력을 높이기 위해 타이거 우즈나 애니카 소렌스탐이 했던 트레이닝 방법들을 자신들에게도 도입하고 있고, 기술적인 부분 외에 체력을 키우기 위해 노력하고 있다.

골프 트레이닝은 골프선수 경기력에 영향을 주는 가장 중요한 체력 요인으로, 체력적인 요인은 경기를 하는데 있어서,. 코스에서 더욱더 선수로 하여금 일관성을 선보임으로써 골퍼의 체력적인 측면은 당연한 가치를 인정받기 시작했다(크레이그 데이비스, 빈스 디사이아 역저, 2010).

오늘날 수많은 정상급 선수들의 골프스윙을 보면 신체의 각 부위를 필요한 운동범위로 움직이는 동시에 운동균형, 안정성과 파워를 동시에 겸비하고 있다.

이러한 선수들은 각자 몸이 기능적으로 최적의 자세가 되도록 하는데 상당한 시간과 노력을 투자할 뿐만 아니라, 대회가 열리는 동안에도 피트니스 트레일러에서 매일 규칙적인 운동 및 몸의 상해를 예방하기 위해 노력 하고 있다.

매주 자신의 기본운동에 다양한 형태의 운동을 포함시킨다. 주로 튜빙 및 케이블, 메디신 볼, 짐 볼, 웨이트 장비, 심장 강화 장비, 케틀벨과 같은 운동 장비를 이용한 요가와 같은 가동성 운동, 코어와 어깨 부위를 위한 안정성 운동, 균형과 고유수용감각 운동, 근력과 파워 운동 등으로 짜여 있다.

골프 트레이닝에서 체력요인을 이야기할 때 근력, 근 파워, 유연성을 들 수 있다. 골프경기는 대부분 스윙 동작을 중심으로 이루어지며, 이는 하체를 기반으로 하고 허리를 축으로 몸 중심 부위의 근육을 이용하는 것이 특징이다.

그리고 절대 근력보다는 상·하체 간의 근력 밸런스와 유연성 그리고 근지구력이 경기력 향상에 영향을 주며 안정성(Stability)과 운동성(Mobility)을 동시에 필요로 하는 대표적인 운동 중 하나라고 이야기하고 있다(송원익, 문창일 외 공저, 2011).

이번에 소개할 내용은 세계 주요선수들이 훈련하고 있는 트레이닝 방법들의 사례들을 소개하고자 한다.

① 트레벌 이멜먼(Trevor Immelman)의 트레이닝 방법 소개

트레벌 이멜먼은 남아공화국 출신 프로골퍼로 2008년 마스터즈대회를 제패한 선수이며, 2014년까지 메이저 대회 1승을 포함하여 통산 2승을 이루었지만, 현재 허리 부상으로 인하여 장기간 동안 투어에 복귀를 하지 못하고 있는 상황이다.

이멜먼은 현재 열심히 트레이너 지도아래 치료와 트레이닝에 병행하고 있으며 앞으로 투어에 복귀하기 위해 노력중이다.

트레벌 이멜먼은 운동을 시작하기 전 준비운동으로 트레드밀이나 자전거를 10~20분정도 타고 난 후 다음과 같은 훈련들을 진행한다고 한다.

현재 이멜먼이 진행하고 있는 몇 가지 트레이닝 방법들을 소개하고자 한다.

⊙ 에버드미널 스테빌리제이션 온 볼(Abdominal Stabilization on Ball)

이 운동은 짐 볼 위에 등을 데고 누워서 양손으로 저항밴드를 잡고 당기면서 몸의 균형과 상체 근력을 키우는데 도움을 주는 훈련 방법이다.

http://www.mygolfspy.com/golf-specific-workout/

그림 7-1. 에버드미널 스테빌리제이션 온 볼 자세

표 7-1. 에버드미널 스테빌리제이션 온 볼 운동방법

운동방법	트레이닝 도구
1. 짐 볼 위에 허리를 되고 누워 양팔은 고무저항밴드를 잡는다. 2. 15초 동안 저항밴드를 당기면서 짐 볼 위에서 균형을 잡는다. 3. 1세트 당 10번을 빨리 당기면서 진행하며 총 2세트를 진행한다.	● 고무저항밴드 (resistance band) ● 짐 볼(gym ball)

⊙ 체스트-엘터네이닝 덤벨(Chest-Alternating Dumbbell)

이 운동은 저항밴드를 발목에 끼고 매트에 누어 양팔은 덤벨을 이용하여 팔의 근육을 강화시키면서 복근과 허벅지와 엉덩이 근육을 단련시켜 상체와 하체 강화에 도움을 주는 운동 방법이다.

. http://www.mygolfspy.com/golf-specific-workout/

그림 7-2. 체스트-엘터네이닝 덤벨 자세

표 7-2. 체스트-엘터네이닝 덤벨 운동방법

운동방법	트레이닝 도구
1. 매트 위에 허리를 대고 누워 양 발목에 밴드를 착용한다.. 2. 양팔은 저항밴드를 당기면서 엉덩이를 지면에서 떼고 균형을 잡는다. 3. 1번 당길 때 15초를 유지하고 1세트 당 총 10번을 당기면서 진행한다. 4. 총 2세트로 진행한다.	● 발목 밴드 (Ankle Band) ● 요가매트 (Yoga mat) ● 덤벨(Dumbbell)

⊙ 스탠딩 싱글 레그 숄더 프레스(Standing Single Leg Shoulder Press)

이 운동은 한 발로만 중심을 잡으면서 양 발목은 저항밴드를 착용하고 한 손은 덤벨을 들어서 척추를 핀 상태로 유지하여 몸의 중심을 잡는데 도움을 주는 운동 방법이다.

http://www.mygolfspy.com/golf-specific-workout/

그림 7-3. 스탠딩 싱글 레그 숄더 프레스 자세

표 7-3. 스탠딩 싱글 레그 숄더 프레스 운동방법

운동방법	트레이닝 도구
1. 몸을 똑바로 선 상태에서 척추를 펴고 발목밴드를 양발에 착용한다. 2. 한 손으로는 덤벨을 들고 위로 들면서 팔을 늘려준다. 3. 이 때 한쪽 다리는 균형을 잡고 나머지 다리는 밴드를 늘리는 느낌으로 서서히 들어 올린다. 4. 총 12번으로 1세트 진행 후 반대쪽 다리와 팔로 변경하여 같은 방식으로 진행한다.	● 발목 밴드 (Ankle Band) ● 덤벨(Dumbbell)

⊙ 플랭크 엑스사이즈 위드 언핸스 스태빌라이제이션 (Plank Exercise with Enhanced Stabilization)

이 운동은 트레버 이멜먼이 가장 힘들어 하는 트레이닝이며 일명 “골퍼를 죽이는 운동방법” 이라고 이야기 할 정도로 레벨이 높은 복근강화 운동이라고 한다.

http://www.mygolfspy.com/golf-specific-workout/

그림 7-4. 플랭크 엑스사이즈 위드 언핸스 스태빌라이제이션 자세

표 7-4. 랭크 엑스사이즈 위드 언핸스 스태빌라이제이션 운동방법

운동방법	트레이닝 도구
1. 짐 볼 위에 양 다리를 올려놓고 매트리스를 깔고 눕는다. 2. 엉덩이를 들고 양 팔꿈치는 몸에 붙여 지면을 받친다. 3. 2세트로 진행하며 1세트 당 20초를 견디어 복근을 강화시킨다. 4. 짐 볼이 익숙해지면 보수 볼, 메디슨 볼 위에 다리를 두고 같은 방법으로 진행한다.	● 요가매트(Yoga mat) ● 짐 볼(gym ball) ● 보수 볼(BOSU ball) ● 메디신 볼(medicine ball)

⊙ 코어 브릿지 온 볼 위드 레그 익스텐션 (Core Bridge on Ball with Leg Extension)

이 운동은 짐 볼 위에 등을 데고 누워서 양팔을 T자로 펴고 한 발을 들고 균형을 잡는 운동으로 스윙 중심축을 잡는데 도움을 주는 훈련 방법이다.

http://www.mygolfspy.com/golf-specific-workout/

그림 7-5. 코어 브릿지 온 볼 위드 레그 익스텐션 자세

표 7-5. 코어 브릿지 온 볼 위드 레그 익스텐션 운동방법

운동방법	트레이닝 도구
1. 짐 볼 위에 등을 데고 양팔은 T자 형태로 뻗고, 한쪽 다리로 만 중심을 잡는다. 2. 3초 동안 짧은 호흡을 하면서 접은 다리를 펴기를 반복한다. 3. 총 5세트로 진행하며, 1세트 당 5회씩 진행한다. 4. 왼·오른쪽 다리를 변경하여 반복한다.	● 요가매트(Yoga mat) ● 짐 볼(gym ball)

⊙ 듀얼/싱글 레그 햄스트링 컬 (Dure/Single Leg Hamstring Curl)

이 운동은 짐 볼 위에 두 다리를 올리고 볼을 앞과 뒤로 굴리면서 양 무릎에 접히기를 반복하는 동작을 통해 스윙 중심축과 허리 근력을 강화 시켜주는 훈련 방법이다.

http://www.mygolfspy.com/golf-specific-workout/

그림 7-6. 듀얼/싱글 레그 햄스트링 자세

표 7-6. 듀얼/싱글 레그 햄스트링 운동방법

운동방법	트레이닝 도구
1. 짐 볼 위에 두 다리를 올리고 등은 바닥을 향해 누우며, 엉덩이는 지면에서 뜨게 한다. 2. 양발은 짐 볼에 올려놓은 상태에서 무릎을 피면서 짐 볼을 뒤로 굴리고 무릎을 접으면서 짐 볼을 앞으로 굴린다. 3. 8회부터 시작하여 15회까지 증가시킨다. 4. 짐 볼이 능숙해지면 배 위에 디스크를 올려놓고 메디신 볼로 교체하여 같은 방식으로 진행한다.	● 요가매트(Yoga mat) ● 짐 볼(gym ball) ● 디스크(disk) ● 메디신 볼(medicine ball)

⊙ 코어 로테이션 위드 스테이빌라이제이션 (Core Rotation with Stabilization)

이 운동은 복근과 꼬임의 현상을 극대화시키기 위해 도움을 주는 트레이닝으로 저항밴드와 발목밴드 그리고 루프 저항밴드를 사용한다.

http://www.mygolfspy.com/golf-specific-workout/

그림 7-7. 코어 로테이션 위드 스테이빌라이제이션 자세

표 7-7. 코어 로테이션 위드 스테이빌라이제이션 운동방법

운동방법	트레이닝 도구
1. 발목밴드를 차고 어깨너비보다 약간 넓게 서서 팔 사이에 필라티스 링을 누르는 느낌으로 오렌지색 저항밴드를 손목에 걸고 백스윙과 같은 어깨 회전을 진행한다. 2. 1~2회 15초씩 유지하고 가슴이 몸 센터에 힙과 같이 움직인다.	● 발목 밴드(ankle band) ● 저항 밴드(resistance band) ● 필라티스 링(Pilates ring)

② 아담 스캇(Adam Scott)의 트레이닝 방법 소개

아담 스캇은 2014년 11월 현재 세계랭킹 2위이며, 호주 프로골퍼 최초로 2013년 마스터즈대회를 제패한 선수이다. 현재 메이저 대회 1승을 포함하여 통산 11승을 한 선수이며, 지금의 위치에 오기까지 아담은 피트니스 트레이너를 통해 경기력을 높이기 위한 골프 트레이닝을 진행하고 있다. 그의 트레이닝은 어떻게 하면 더 효율적으로 대회 중에도 피트니스를 같이 병행 하면서 골프 경기력을 향상을 시킬 수 있을까에 초점을 맞추고 있고, 그는 비거리 향상을 위해 파워와 근력향상을 위한 몇 가지 트레이닝을 진행하고 있다.

다음은 현재 아담이 시즌 중에 진행 중인 트레이닝 중 6가지 방법을 소개하고자 한다.

⊙ 덤벨 원 레그 데드 리프트(Dumbell 1 leg Deadlift)

이 운동은 한발로 균형을 잡고 양손은 덤벨을 잡고 스윙밸런스에 필요한 복부 근력과 하체근력에 도움을 주는 트레이닝 방법이다.

http://athleticgolftraining.com/adam-scott-workout-part-2

그림 7-8. 덤벨 원 레그 데드 리프트 자세

표 7-8. 덤벨 원 레그 데드 리프트 운동방법

운동방법	트레이닝 도구
1. 양손에 덤벨을 들고 오른쪽 발을 들고 왼쪽 발로만 균형을 잡고 선다. 2. 상체를 90도로 숙이면서 양팔은 덤벨을 들고 아래를 향하여 내린다. 3. 이때 들고 있던 오른쪽 발은 위로 들어 올려 상체 각도와 평행하게 한 후 잠시 멈추고 서 있는다. 4. 총 3세트로 진행하며 1세트 당 10~12회를 반복한다.	● 덤벨(Dumbbell) ● 요가매트 (Yoga mat)

⊙ 엠비 다운스윙 임팩트 릴리즈(MB Downswing Impact Releases)

이 운동은 백스윙 탑에서 다운스윙의 힘을 모으기 위한 힙 스피드와 팔 동작을 개선시키는 트레이닝 방법으로 ①~③은 다운스윙 시 지면에 볼을 던지면서 다운스윙에서 임팩트 시 힘을 모으는 연습 방법이며, ④~⑥은 임팩트에서 목표방향으로 공을 던지면서 릴리즈 동작을 개선시키는 훈련 방법이다.

http://athleticgolftraining.com/adam-scott-workout-part-2

그림 7-9. 엠비 다운스윙 임팩트 릴리즈 자세

표 7-9. 엠비 다운스윙 임팩트 릴리즈 운동방법

운동방법	트레이닝 도구
1. 어드레스 자세를 취한 상태에서 메디신 볼을 양손으로 잡고 선다. 2. 백스윙 탑 까지 몸을 회전시켜서 다운스윙 시 메디신 볼을 오른쪽 발 앞에 떨어뜨리는 연습을 5회, 나머지 5회는 왼쪽 발을 지나서 벽에 볼을 던지는 연습을 한다. 3. 1세트 당 10회를 진행하고 총 3세트로 구성하여 양쪽으로 병행하여 진행한다.	● 요가매트(Yoga mat) ● 메디신 볼 (medicine ball)

⊙ 엠비 스로우스윙 릴리즈(MB Throughswing Releases)

이 운동은 임팩트 이후 피니시까지 힘을 모으기 위한 트레이닝 방법이며 ①~③은 팔로우 스루 이 후 피니시 동작에서 볼을 벽에 던지면서 임팩트 이 후 팔로우 스루 동작에서 피니시까지 힘을 잘 전달하는 연습 방법이며 ④~⑥은 피니시까지 몸통 회전으로 공을 가지고 피니시까지 연결동작을 개선시키는 훈련 방법이다.

http://athleticgolftraining.com/adam-scott-workout-part-2

그림 7-10. 엠비 스로우스윙 임팩트 릴리즈 자세

표 7-10. 엠비 스로우스윙 임팩트 릴리즈 운동방법

운동방법	트레이닝 도구
1. 어드레스 자세를 취한 상태에서 메디신 볼을 양손으로 잡고 선다. 2. 하프 백스윙 까지 몸을 회전시켜서 팔로우 스루 시 메디신 볼을 벽에다 던지는 연습을 5회, 나머지 5회는 볼을 가지고 피니시까지 잡는 연습을 한다. 3. 1세트 당 10회를 진행하고 총 3세트로 구성하여 양쪽으로 병행하여 진행한다.	● 요가매트(Yoga mat) ● 메디신 볼 (medicine ball)

⊙ 레트럴 립스 위드 리치(Lateral leaps with reach)

이 운동은 양발을 좌측과 우측으로 번갈아 가며 점프하면서 팔을 지면을 향해 뻗는 하체 강화 트레이닝으로 스윙밸런스와 근 지구력 향상에 도움을 주는 운동방법이다.

http://athleticgolftraining.com/adam-scott-workout-part-2

그림 7-11. 레트럴 립스 위드 리치 자세

표 7-11. 레트럴 립스 위드 리치 운동방법

운동방법	트레이닝 도구
1. 양발 중 한 발로 도움닫기 하는 방식으로 좌측과 우측으로 점프를 한다. 2. 이때 점프를 한 발은 지면에 되고 나머지 발은 지면에서 떨어진 상태로 균형을 잡고 상체는 숙이면서 반대 팔로 지면을 닿도록 한다. 3. 총 22~24회를 진행하고 처음 스타트는 천천히 동작들을 짚어가면서 진행한다.	

⊙ 엘터네이팅 덤벨 플랭크 풀 인스(Alternating Dumbell Plank Pull ins)

이 운동은 스윙밸런스에 필요한 복부 근력과 몸의 회전에 필요한 근력에 도움을 주는 트레이닝 방법이다.

http://athleticgolftraining.com/adam-scott-workout-part-2

그림 7-12. 엘터네이팅 덤벨 플랭크 풀 인스 자세

표 7-12. 엘터네이팅 덤벨 플랭크 풀 인스 운동방법

운동방법	트레이닝 도구
1. 바닥을 엎드려 푸시업 자세를 한다. 2. 양팔은 덤벨을 들고 왼쪽팔과 오른쪽 팔을 번갈아 가면서 들어올린다. 3. 총 20~24회 진행하며, 복근부위는 힘을 넣어서 운동을 진행한다.	● 요가매트(Yoga mat) ● 덤벨(Dumbbell)

⊙ 스테이블리티 볼 와이 레이즈(Stability Ball Y Raises)

이 운동은 복근에 근력을 키우는 트레이닝으로 어드레스 시 균형과 스윙밸런스에 도움을 주는 트레이닝 방법이다.

http://athleticgolftraining.com/adam-scott-workout-part-2

그림 7-13. 스테이블리티 볼 와이 레이즈 자세

표 7-13. 스테이블리티 볼 와이 레이즈 운동방법

운동방법	트레이닝 도구
1. 짐 볼 위에서 배 부위를 대고 눕고 양발은 어깨너비로 벌린다. 2. 양팔의 덤벨은 들어 올리면서 짐 볼 위에서 몸의 중심을 잡는다. 3. 총 12~15회로 진행하며 총 3세트로 진행한다.	● 요가매트(Yoga mat) ● 덤벨(Dumbbell) ● 짐 볼(gym ball)

③ 타이거우즈(Tiger Woods)의 트레이닝 방법 소개

타이거 우즈는 세계랭킹 제도가 생기고 난 후, 가장 오랫동안 세계랭킹 1위를 유지한 프로골퍼이며 최근 허리부상으로 인하여 시합 출전을 하지 못하고 있다. 현재 타이거 우즈는 재활을 위해 트레이닝에 전념하고 있는데, 하루에 2시간 이상을 운동하고 있으며 심폐지구력을 체력의 기본으로 생각하며 러닝보다는 사이클 위주로 진행하고 있다.

그 이유는 왼쪽 무릎과 아킬레스건 부상전력으로 심폐지구력을 기본운동으로 생각하며 매주 열리는 경기에서 좋은 컨디션을 위해 피로 회복 속도를 높이기 위한 것이다.

또 다른 프로그램으로 우즈의 강한 스윙을 위한 하체트레이닝과 등과 어깨 근육을 탄탄하게 만들기 위해 노력하고 있다. 다음은 현재 타이거 우즈가 공개적으로 매스컴이나 광고를 통해 알려진 몇 가지 트레이닝방법을 소개하고자 한다.

⊙ 바벨 데드리프트(Barbell Deadlift)

이 운동은 코어를 집중적으로 강하게 만들 수 있는 트레이닝으로 골프스윙에서 빠르고 절제된 샷을 만들기 위해 필요한 운동방법이다.

https://www.youtube.com/watch?v=kmPUZur7Tyo

그림 7-14. 바벨 데드리프트 자세

표 7-14. 바벨 데드리프트 운동방법

운동방법	트레이닝 도구
1. 어깨너비로 양발을 벌리고 무릎을 살짝 굽히고, 당긴다는 느낌으로 허리를 펴서 바벨을 들어올린다. 2. 바벨은 천천히 무게를 느끼면서 내리고, 올릴 때는 약간 빠르게 진행한다. 3. 1세트 당 12회로 총 3세트를 진행한다.	● 바벨 (Barbell)

⊙ 크런치(Crunch)

이 운동은 코어 운동 중 복직근 상부를 강화시키는 운동이며, 타이거 우즈는 1, 000개까지 소화하는 운동방법이다.

https://www.youtube.com/watch?v=kmPUZur7Tyo

그림 7-15. 크런치 자세

표 7-15. 크런치 운동방법

운동방법	트레이닝 도구
1. 바닥에 누워 무릎은 구부려 발바닥이 지면에 닿도록 한다. 2. 양팔은 가슴에 앞에 교차하여 놓는다. 3. 상복부를 수축시키면서 팔이 무릎에 닿도록 한다. 4. 1세트 당 처음 20회를 시작으로 서서히 횟수를 높이고 총 3세트로 진행한다.	● 요가매트(Yoga mat)

⊙ 케이블 레터럴 레이즈(Cable Lateral Raise)

이 운동은 한손으로 케이블을 잡고 당기는 힘을 쓰기 때문에 여러 근육을 동원해 움직임을 안정되게 하며, 강하고 안정된 승모근과 삼각근을 만들어 골프스윙의 협응력 향상에 도움이 되는 운동방법이다.

https://www.youtube.com/watch?v=kmPUZur7Tyo

그림 7-16. 케이블 레터럴 레이즈 자세

표 7-16. 케이블 레터럴 레이즈 운동방법

운동방법	트레이닝 도구
1. 케이블머신을 왼쪽 손으로 잡고 양발을 어깨너비로 하고 옆으로 선다. 2. 케이블을 잡고 있는 왼쪽 손을 왼쪽 대각선 머리 위로 당겨 올린다. 3. 저항을 느끼면서 천천히 제자리로 돌아온다. 4. 1세트 당 12회로 총 3세트를 진행한다.	● 케이블 머신 (cable machine)

⊙ 덤벨 숄더 프레스(Dumbbell Shoulder Press)

이 운동은 어깨운동의 대표운동이며 주요 근육인 승모근, 삼각근과 삼두근을 안정적으로 키우기 위한 운동으로 백스윙부터 피니시까지 안정적으로 가져갈 수 있도록 돕는 운동방법이다.

https://www.youtube.com/watch?v=kmPUZur7Tyo

그림 7-17. 덤벨 숄더 프레스 자세

표 7-17. 덤벨 숄더 프레스 운동방법

운동방법	트레이닝 도구
1. 의자에 앉아 등과 허리를 곱게 펴고 덤벨을 귀 높이에 오도록 하고 팔을 직각으로 만든다. 2. 팔이 귀에 닿는다는 느낌으로 덤벨을 머리 위로 쭉 뻗었다가 시작 자세로 돌아온다. 3. 1세트 당 12회로 총 3세트를 진행한다.	● 덤벨(Dumbbell) ● 의자(bench)

⊙ 엑스-케이블(X-Cable)

이 운동은 양손으로 케이블을 잡고 당기는 힘을 쓰기 때문에 여러 근육을 동원해 움직임을 안정되게 하며, 광배근과 삼두근 전면부의 운동으로 다운스윙부터 팔로우 스루까지 흔들림 없이 안정된 클럽 컨트롤을 돕는 운동방법이다.

https://www.youtube.com/watch?v=kmPUZur7Tyo

그림 7-18. 엑스-케이블 자세

표 7-18. 엑스-케이블 운동방법

운동방법	트레이닝 도구
1. 왼쪽 손으로 오른쪽 케이블을, 오른쪽 손으로는 왼쪽의 케이블을 잡고 양손이 어깨 높이까지 오도록 하고 팔뚝이 X자 모양이 되도록 만든다. 2. 케이블을 잡은 양손을 45도 방향으로 케이블을 당기면서 벌린다. 3. 들 수 있는 무게를 설정하여 1세트 당 15회, 총 3세트를 진행한다.	● 케이블 머신 (cable machine)

⊙ 행잉 레그 레이즈(Hanging Leg Raise)

이 운동은 하복부를 향상시키는 운동으로 코어 근력이 상체와 하체가 조화를 만들어 몸의 에너지를 스윙에 이끌어 내는데 도움을 준다.

https://www.youtube.com/watch?v=kmPUZur7Tyo

그림 7-19. 행잉 레그 레이즈 자세

표 7-19. 행잉 레그 레이즈 운동방법

운동방법	트레이닝 도구
1. 철봉에 매달려 몸을 곧게 편다. 2. 발을 편 상태로 발과 무릎을 가슴 높이까지 끌어 올린다는 생각으로 하복부를 수축한다. 3. 다리는 천천히, 저항을 느끼게 하면서 내린다. 4. 한 번 매달릴 때 15회를 1세트로 진행하고 총 3세트를 진행한다.	● 철봉 (iron bar)

참고문헌

김정주, 허남양, 김해중 역저(2005). 골퍼의 수행능력과 체력향상을 위한 피지컬골프. 대한미디어.

배준원, 정정욱(2012). 골프 트레이닝 효과에 대한 고찰. 코치능력개발지, 14(2), 77-84.

손재윤(2008) 골프선수의 트레이닝 방법에 따른 근력, 비거리 변화 및 근 활성도 분석. 미간행 박사학위 논문, 중앙대학교 대학원.

손지훈(2012). 골프선수들의 힘·거리·탄도 조절에 따른 스윙 동작 특성 분석. 미간행 박사학위 논문, 국민대학교 대학원.

송원익, 문창일, 이병규, 박해찬 공저(2011). 골프 이것만은 알고하자Ⅱ. 도서출판 알음.

송일섭(2012). 특이적 코어 운동 프로그램이 엘리트 골프 선수의 신체 구성, 등속성 근기능 및 무산소성 능력에 미치는 영향. 미간행 석사학위논문, 한남대학교 교육대학원.

이승완(2010). 골프 전문 스트레칭이 스윙에 미치는 영향. 미간행 석사학위논문, 동신대학교 대학원.

장훈석(2008). 웨이트 트레이닝이 골프선수들의 비거리에 미치는 영향. 미간행 석사학위논문, 용인대학교 대학원.

장효영(2014). 트레이닝 방법이 골퍼의 체력과 족저압 및 골프 수행능력에 미치는 영향. 미간행 박사학위논문, 용인대학교 대학원.

전희숙(1988). 골프스윙의 운동학적 분석. 미간행 석사학위논문, 이화여자대학교 대학원.

체육과학연구원(2003). 관절주변의 인대와 근육상해 발생 시 유연성 회복과 치유를 위한 스트레칭 방법, 스포츠과학 정보, Autumn.

크레이그 데이비스, 빈스디사이아(2010). 골프 아나토미(Golf Anatomy). 푸른솔.

허남양, 장훈석(2008). 골프웨이트 트레이닝과 비거리의 상관관계분석. 체육과학논총, 18(1), 13-20.

Jobe, F. W., & Schwab, D. M.(1991). Golf for the mature athlete. Clinic Sports Medicine, 10, 269-282.

McCarroll, J. R., & Gioe, T. J.(1982). Professional golfers and the price they pay.

PhysicianSports Med., 10, 54-70.

McCarroll, J. R., Retting, A. C., & Shelboume K. D.(1990). Injuries in the amateur golfer. Physician Sports Med., 18, 122-126.

McCarroll, J. R.(1996). The frequency of golf injuries. Clinic Sports Medicine, 15, 1-7.

Milburn, P. D.(1982). Summation of segmental velocity in the golf swing. Medicine and Science in Sports and Exercise, 14(1), 60-64.

Theriault, G, & Lachance P.(1998). Golf Injuries. Sports Med, 26(1): 43-57.

http://athleticgolftraining.com/adam-scott-workout-part-2

http://bbmania.com/gnuboard/bbs/board.php?bo_table=1stbuilders&wr_id=59609&page=620

http://blog.naver.com/lka0803?Redirect=Log&logNo=10132472838

http://blog.naver.com/PostView.nhn?blogId=hiddengolf&logNo=40188199952

http://golfhankook.hankooki.com/01_news/NewsView.php?category=262&gsno=10094954

http://golfhankook.hankooki.com/01_news/NewsView.php?category=262&gsno=10177951

http://www.golftipsmag.com/instruction/faults-and-fixes/lessons/straighten-your-tee-shots.html?tmpl=component&print=1

http://www.haveabettergolfgame.com/hand-eye-coordination-and-golf/

http://www.healthguidance.org/entry/15704/1/How-to-Improve-Flexibility.html

http://www.laurierosenfeld.com/wp-content/uploads/2011/08/Focus-On-Your-Strengths-ThePerfectDesign-300x300.jpg

http://metrocrossfit.com/anatomy-day-28-rhomboid-major/

https://mirror.enha.kr/wiki/%ED%8F%B4%EC%95%84%EC%9B%83%20%EC%8B%9C%EB%A6%AC%EC%A6%88/%EB%8A%A5%EB%A0%A5%EC%B9%98

http://www.mygolfspy.com/golf-specific-workout/

http://www.pgatour.com/stats.html

http://restlesslikeme.com/wp-content/uploads/2009/03/elephant-balance.jpg

https://www.youtube.com/watch?v=E7y-5BQ5Jn8

https://www.youtube.com/watch?v=kmPUZur7Tyo

근육 명칭

주요 근육이름을 영어, 한자어, 한글명 순으로 나열 하였습니다.

A.

영어	한자어	한글명
Adductor longus	장내전근	긴모음근
Anterior deltoid	전삼각근	앞어깨세모근

B.

Biceps femoris	대퇴이두근	넙다리두갈래근
Brachioradialis	상완요골근	위팔노근

D.

Deltoid	삼각근	어깨세모근

E.

Erector spinae	척추기립근	척추세움근
Extensor carpi radialis brevis	단요측수근신근	짧은노쪽손목폄근
Extensor carpi radialis longus	장요측수근신근	긴노쪽손목폄근
Extensor digitorum	지신근	손가락폄근
External oblique	외복사근	배바깥빗근

F.

영어	한자어	한글명
Flexor carpi radialis	요측수근굴근	요골쪽손목굽힘근
Flexor carpi ulnalis	척측수근굴근	자쪽손목굽힘근
Flexor digitorum profundus	심지굴근	깊은손가락굽힘근
Flexor digitorum superficialis	천지굴근	얕은손가락굽힘근

G.

Gastrocnemius	비복근	장딴지근
Gluteal muscle	둔근	볼기근
Gluteus maximus	대둔근	큰볼기근
Gluteus medius	중둔근	중간볼기근
Gluteus minimus	소둔근	작은볼기근

H.

Hamstrings	햄스트링(슬굴곡근)	뒤넙다리근

I.

Iliacus	장골근	엉덩근
Infraspinatus	극하근	가시아래근
Intercostals	늑간근	갈비사이근
Internal oblique	내복사근	배속빗근
Interspinales	극간근	가시사이근

L.

영어	한자어	한글명
Latissimus dorsi	광배근	넓은등근
Lower trapezius	하부 승모근	아래등세모근
Lumbricales	충양근	벌레모양근

M.

Middle trapezius	중간 승모근(중승모근)	중간등세모근
Middle deltoid	중삼각근	중간어깨세모근
Multifidus	다열근	뭇갈래근

P.

Palmaris longus	장장근	긴손바닥근
Pectoralis major	대흉근	큰가슴근
Pectoralis minor	소흉근	작은가슴근
Peroneus brevis	단비골근	짧은종아리근
Peroneus longus	장비골근	긴종아리근
Piriformis	이상근	궁둥구멍근
Posterior deltoid	후삼각근	뒤어깨세모근
Pronator quadratus	방형회내근(사각회내근)	네모엎침근
Pronator teres	원회내근	원엎침근
Psoas major	대요근	큰허리근

Q.

영어	한자어	한글명
Quadratus lumborum	요방형근	허리네모근
Quadriceps	대퇴사두근(사두근)	네갈래근

R.

Rectus abdominis	복직근	배곧은근
Rectus femoris	대퇴직근	넙다리곧은근
Rhomboid	능형근	마름모근
Rhomboid major	대능형근	큰마름모근
Rhomboid minor	소능형근	작은마름모근
Rotator cuff	회전근개	돌림근띠

S.

Semitendinosus	반건양근(반건상근)	반힘줄모양근
Supinator	회외근	손뒤침근
Supraspinatus	극상근	가시위근

T.

영어	한자어	한글명
Teres major	대원근	큰원근
Teres minor	소원근	작은원근
Thoracolumbar fascia	흉요근막	등허리근막
Tibialis anterior	전경골근	앞정강근
Tibialis posterior	후경골근	뒤정강근
Transversus abdominis	복횡근	배가로근
Triceps	삼두근	세갈래근

V.

Vastus lateralis	외측광근	가쪽넓은근

골프 트레이닝 차트

이름: ________ Date: ________

Sets ____ 3 ____ Reps ____ 8 ___

Exercises	날짜						
	무게						
	반복 횟수						
	무게						
	반복 횟수						
	무게						
	반복 횟수						
	무게						
	반복 횟수						
	무게						
	반복 횟수						
	무게						
	반복 횟수						
	무게						
	반복 횟수						
	무게						
	반복 횟수						

저자소개

최영욱

- 목포대학교대학원 사회체육학박사
- 세한대학교 생활체육학과 교수

박동수

- 동아대학교대학원 이학박사
- 세한대학교 생활체육학과 교수

김형우

- 경희대학교체육대학원 체육학박사
- 세한대학교 골프경영학과 교수

골프 트레이닝방법론

인 쇄 : 2014년 11월 15일
발 행 : 2014년 11월 25일
저 자 : 최영욱 · 박동수 · 김형우
발 행 처 : 도서출판 한산
서울시 서대문구 수색로 6길 43번지 105동 602호
TEL : (02)304-3504 FAX : (02)304-3505
발 행 인 : 김 기 영
등록번호 : 제 10-1745 호
I S B N : 978-89-89215-97-4 93310

잘못된 책은 바꾸어 드립니다.

가격 15,000원